JN298809

すぐに役立つ

◆低コストで問題解決！◆
公正証書と支払督促のしくみとサンプル集34

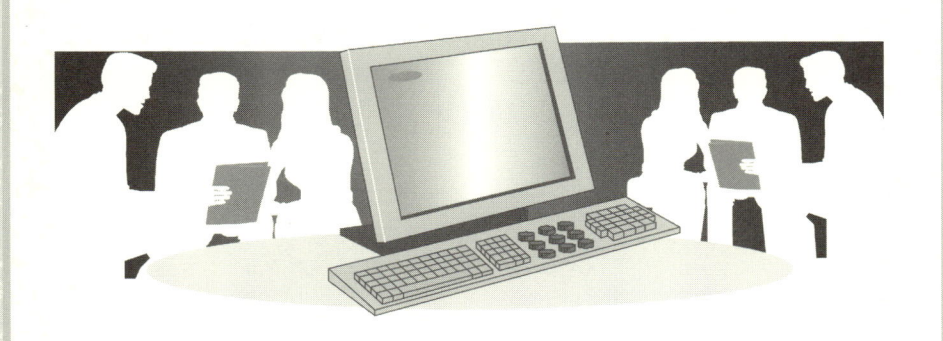

司法書士 **安部高樹** 監修

三修社

本書に関するお問い合わせについて
本書の内容に関するお問い合わせは、お手数ですが、小社
あてに郵便・ファックス・メールでお願いします。
なお、執筆者多忙により、回答に1週間から10日程度を
要する場合があります。あらかじめご了承ください。

はじめに

　ビジネスの現場では、他人と約束を交わすことがしばしばあります。そうした約束の中で、法的拘束力を持つ約束を契約と言います。お金の貸し借りや不動産の担保設定など、法律的な効果の生じる行為は、いろいろな場面で見られます。しかし、ときには約束が守られずにトラブルになるケースもあります。こういったトラブルを避けるために予防として、「契約書」を作っておくのが基本です。

　さらに、契約内容をもっと強化したい場合には、本書でとりあげる公正証書にする方法を検討するとよいでしょう。公正証書とは、公証人が公証人法などの法律に従って作成する公文書のことです。公正証書は契約当事者間で作成する契約書よりも証拠として強い効力を持ちます。契約内容についてトラブルに発展した場合、通常の契約書よりも公正証書のほうが、強い証明力を持ちます。また、金銭の支払いを内容とする契約の場合には、公正証書に強制執行認諾約款をつけることができます。強制執行認諾約款のある公正証書を作成すると、金銭を支払う義務のある債務者が債務を履行しなかった場合に、債務者の財産に強制執行をかけることができます。つまり、強制執行認諾約款をつけることで、強制執行を行う上での時間的・経済的な負担を軽減することができます。

　ただ、現実には、「口頭だけで契約し、契約書は作成していない」というケースや、「契約書はあるものの、公正証書まで作成していない」というケースも多いと思います。このような場合には、支払督促という手段を利用するのがよいでしょう。支払督促は比較的簡単で迅速な法的手続であり、この手続を利用することにより、単に、私的に債務者に督促・請求するよりも高い確率で債権が回収できる可能性があるといえます。

　本書は、債権を迅速に回収するための手段である「公正証書」と「支払督促」を１冊に集約したものです。支払督促や公正証書のしくみや書式例も豊富に掲載しています。皆様の問題解決のお役に立てていただければ幸いです。

監修者　司法書士　安部高樹

CONTENTS 目次

はじめに

第1章 公正証書や支払督促をどのように活用するか
1 法的手段にもいろいろある … 8
2 支払督促で回収をはかる … 10
3 公正証書とはどんなものか … 12
4 どんな場合でも、どんな内容でも公正証書にできるのか … 15

第2章 公正証書の基本と公証役場での手続き
1 公正証書にするとどんな効力があるのか … 18
2 どこへ行けば公正証書を作ってもらえるのか … 21
3 公証役場へ行く前に準備しておくこと … 24
4 本人または代理人が書類を提出する … 26
5 公正証書を作る具体的な手続きについて知っておこう … 30
6 公正証書には何が記載されるのか … 33
7 その他こんなことを知っておこう … 35
8 執行証書を作成するときはどんなことに気をつけるべきか … 37

第3章 支払督促の手続と申立書の書き方
1 支払督促の申立てはどこの裁判所に出せばよいか … 40
2 申立てが受理され審査される … 42
3 支払督促の申立書を書く … 45
4 表題部を記載する … 48
5 代理人を立てるような場合にはどうすればよいか … 52
6 請求の趣旨とは何か … 54
7 付帯請求の書き方はどうしたらよいのか … 56
8 申立て手続費用はどれぐらいか … 58
9 請求の原因の記載をする際の問題点とは … 60
10 債務者へ送達される … 61
11 督促手続オンラインシステムについて知っておこう … 65
12 仮執行宣言を取得してはじめて意味がある … 67
13 異議申立てをすると通常の訴訟に移行する … 71
14 答弁書を提出する … 74

第4章 商取引・契約をめぐるトラブル解決と書式
1 金銭消費貸借契約の公正証書の作り方 … 76
【書式1】 金銭消費貸借契約公正証書 … 78
【書式2】 貸金請求のための支払督促申立書 … 81
2 保証人に請求する … 84

| 書式3 | 連帯保証人に請求するための支払督促申立書 | 86 |

3 準消費貸借契約公正証書の作り方　89
| 書式4 | 準消費貸借契約公正証書 | 90 |

4 債務弁済契約公正証書の作り方　93
| 書式5 | 債務弁済契約公正証書 | 95 |

5 売買契約公正証書の作り方　97
| 書式6 | 売買契約公正証書 | 100 |

6 売掛金や手形金・小切手金の支払いをめぐる支払督促　103
| 書式7 | 手形金請求のための支払督促申立書 | 106 |
| 書式8 | 売掛金代金請求のための支払督促申立書 | 109 |

7 クレジット契約についての公正証書の作り方　112
書式9	割賦販売契約公正証書	116
書式10	割賦販売代金の支払督促申立書（カードを利用しない場合）	119
書式11	割賦販売代金の支払督促申立書（カードを利用する場合）	122
書式12	割賦販売代金の支払督促申立書（ローン提携販売）	126
書式13	割賦販売代金の支払督促申立書（個別信用購入あっせん）	129
書式14	割賦販売代金の支払督促申立書（包括信用購入あっせん）	132

8 リース契約・レンタル契約についての公正証書の作り方　136
| 書式15 | リース契約公正証書 | 139 |

9 継続的取引に関する公正証書の作り方　145
| 書式16 | 継続取引に関する公正証書 | 146 |

10 債権譲渡についての公正証書の作り方　150
| 書式17 | 債権譲渡契約公正証書 | 152 |

11 請負代金の支払いを請求する　154
| 書式18 | 請負代金請求のための支払督促申立書 | 156 |

第5章 職場をめぐるトラブル解決と書式

1 解雇予告手当を請求する　160
| 書式1 | 解雇予告手当のための支払督促申立書 | 161 |

2 給料支払請求をする　164
| 書式2 | 未払い賃金請求のための支払督促申立書 | 166 |

3 残業手当を請求する　169
| 書式3 | 残業代請求のための支払督促申立書 | 170 |

4 退職金の支給を請求する　173
| 書式4 | 退職金請求のための支払督促申立書 | 174 |

CONTENTS

第6章 賃料・敷金・マンション管理費をめぐるトラブル解決と書式

1 借家契約の公正証書の作り方　178
書式1 建物賃貸借契約公正証書　180
2 定期建物賃貸借契約の公正証書の作り方　184
書式2 定期建物賃貸借契約公正証書　186
3 借地契約の公正証書の作り方　190
書式3 借地契約公正証書　192
4 定期借地契約の公正証書の作り方　195
書式4 一般定期借地権設定契約公正証書　196
5 事業用定期借地権とはどのような契約なのか　199
書式5 事業用定期借地権設定契約公正証書　200
6 地代・家賃の支払いを請求する　204
書式6 賃料請求のための支払督促申立書　206
7 敷金返還を請求する　209
書式7 敷金返還請求のための支払督促申立書　211
8 マンション管理費の滞納分を請求する　214
書式8 マンション管理費請求のための支払督促申立書　216

第7章 交通事故や離婚をめぐるトラブル解決と書式

1 示談・和解の公正証書の作り方　220
書式1 和解（示談）契約公正証書　224
書式2 交通事故の損害賠償のための支払督促申立書（物損事故）　227
書式3 交通事故の損害賠償のための支払督促申立書（人身事故）　230
2 離婚についての公正証書の作り方　233
書式4 離婚にともなう契約の公正証書　235

第8章 強制執行をする

1 強制執行とはどんなものなのか　238
2 強制執行に必要な書類とは　240
3 執行文と送達証明について知っておこう　242
4 条件成就執行文とは何か　245
5 執行文をめぐるさまざまな問題　247
6 送達にはさまざまな方法がある　250
7 仮執行宣言付支払督促が出された後に強制執行を停止させるには　254

第1章

公正証書や支払督促をどのように活用するか

1 法的手段にもいろいろある

公正証書がないときに支払督促を利用する

訴訟から調停・支払督促まで選択肢はいろいろある

　民事についての紛争が生じた場合、最終的には**訴訟**ということになり、裁判所が判断をすることになります。ただ、民事訴訟手続は、和解の成立が見込めないと一般に時間と費用のかかってしまう手続です。

　訴訟以外の方法で紛争が解決できるのなら、それに越したことはありません。訴訟以外の手段としては、**支払督促**や**調停**などさまざまな方法も用意されています。

　訴訟にはお金がかかります。訴訟の当事者（原告と被告）は、さまざまな局面で、さまざまな形の出費を求められます。少額の債権回収のために大々的に訴訟を提起すると、出費の方が多くなり、かえって損をすることにもなりかねません。しかし、黙って見ているだけでは泣き寝入りということになってしまいます。そのような場合、支払督促の利用を検討するのがよいでしょう。

　さらに、そもそもトラブルになる前の契約段階で**公正証書**を作成しておけば、訴訟などの法的手段をとることなく、強制執行の手続きをとることができ、トラブルを予防することもできます。

　このように、紛争の解決にあたっては、紛争の状況、相手方の態度、時間や費用などの要素を考慮にいれて、適切な手段を選択するようにしましょう。場合によっては専門家に相談することも必要になります。

① 　通常訴訟

　紛争の最終的な解決手段として利用されることが多い手続です。裁判所に対して訴訟を提起し、勝訴判決を得ることによって債権を回収したりします。ただし、このような場合、勝訴しても、相手方が支払わなければ債権を回収できません。相手方が支払わない場合には、強制執行（238ページ）の手続をとる必要があります。

② 　少額訴訟

少額訴訟は、回収しようとする金額が60万円以下の場合に利用できる簡易的な訴訟です。訴訟を提起する裁判所は、簡易裁判所となります。手続が簡単なため、自分で手軽に利用できます。ただ、60万円までの上限があり、審理は原則として１回限りであり、証拠となる書類や証人は原則として審理の日にその場で確認できるものに限られるなど、利用が限定されるというデメリットがあります。

③　調停

調停は、相手方との協議を行う際に裁判所を利用するものです。ただ、任意的な手続のため、相手が調停に応じなければこの手続を利用することはできません。相手が調停に応じて合意が成立した場合には、合意内容を記した調書には訴訟における判決と同じ効力があります。

④　公正証書（12、18ページ）

公証役場で作成してもらうものです。公証役場では、法務大臣に任命された元裁判官などの法律の専門家が公証人をつとめています。執行受諾文言がついた公正証書があると、強制執行をすることができます。

⑤　支払督促（10、40ページ）

支払督促は、簡易裁判所の裁判所書記官を通じて相手方に対して債務を支払うように督促する手続で、相手方との間で債権の存在の有無について食い違いがない場合に効果があります。ただし、相手方が督促内容に異議申立てを行うと支払督促の内容そのものについての争いとなるため、訴訟手続へと移行します。

■ **公正証書と支払督促の活用**

事前の手段	事後の手段	
あらかじめ契約書を公正証書にしておく → 執行認諾約款をつけておけば訴訟を経ずに強制執行できる	権利の存在が明確であれば支払督促を活用することで迅速に権利を実現できる	迅速な権利の実現が難しい場合に、訴訟を中心にその他の法的手段を検討する
契約書作成時点	トラブル発生	

第1章　公正証書や支払督促をどのように活用するか

2 支払督促で回収をはかる

訴訟と比べると時間もかからず費用も安い

支払督促で回収をはかる

　債務者が支払請求に応じない場合でも、いきなり訴訟を起こすのではなく、まずは支払督促の制度を利用するとよいでしょう。

　支払督促というのは、債権者からの申立を受けて、簡易裁判所の裁判所書記官が債務者に対して、債権の支払いをするように命令を出してくれる制度です。申立を受けた裁判所は、証拠調べや債務者に事情を聞くなどの行為は一切行わず、債権者の申立書を形式的に審査するだけで、支払督促を出します。訴訟のように費用や時間はあまりかかりません。

　支払督促はこのように特殊な制度ですから、申立ができる事項について制限があり、金銭や有価証券などの給付を目的とする請求権に限られています。実際に支払督促が利用されているのは、金銭の請求がほとんどです。しかも、支払督促は相手方に送達されることが条件になっていますから、たとえば債務者が国外にいて送達ができないような場合には、支払督促は利用できません。

支払督促のメリットとは

　支払督促の最大の特色は、手続の簡便さです。

　申立がなされると、申立書の審査がなされます。ただこの審査は、所定金額の収入印紙が貼られているか、収められた切手の金額に間違いはないかなど簡単なもので、債権者の請求や原因が、筋の通ったものであればかまいません。

　支払督促が債務者に送達された後2週間を経過したときから30日以内であれば、債権者は仮執行宣言の申立ができます。申立をしないまま、この期間を過ぎてしまうと、支払督促は効力を失ってしまいます。

　支払督促の申立が受理されると、裁判所は支払督促を出してくれます。支払督促には、判決の主文に相当する「債務者は、請求の趣旨記載の金額

を債権者に支払え」という文言が記載されていて、その後には、警告文言といわれている「債務者が支払督促送達の日から2週間以内に異議を申し立てないときは、債権者の申立によって仮執行の宣言をする」という文言が記載されています。

📄 仮執行宣言申立をするのを忘れないように

仮執行というのは、将来、訴訟などを経て取消される可能性があるにもかかわらず許されている強制執行のことです。

強制執行は、本来であれば、訴訟を経て判決が確定して初めて可能になる建前です。しかし、判決に不服のある者は上訴（控訴・上告）を提起することによって、判決が確定するのを遅らせることができます。にもかかわらず、建前通り判決が確定するのをまたせておいたのでは、いったんは訴訟で勝訴した者でも、その権利を実現することは難しいものになってしまいます。そこで、相手方には、将来訴訟で本格的に争わせる道を残しておきながら、他方には、権利関係は未確定であるにもかかわらず、将来の権利の確保を容易にさせようとして認められた制度です。

仮執行宣言に基づいて強制執行をしておきながら、後に仮執行宣言が失効した場合には、仮執行を行った者は、相手方に対して原状回復と損害賠償責任を負うことになります。

支払督促が債務者に送達されてから2週間は待たなければなりませんが、その間に債務者から異議申立がなければ、債権者は次に仮執行宣言の申立ができるようになります。しかし、債務者からの異議申立があれば、通常の訴訟へ移行することになります。

支払督促はあくまで支払いの「督促」ですから、債権者は支払督促だけでは強制執行することはできません。支払督促は、この仮執行宣言がつくことによって、完全なものになります。

ただし、債権者がいくら強制執行ができるようになったとはいっても、自分で債務者のもとへ出向いてその財産を取り上げてくるわけにはいきません。強制執行を行う場合には、国の執行機関である執行官か執行裁判所（地方裁判所）へ強制執行の申立をすることになります。

3 公正証書とはどんなものか

イザというときに有力な証拠になる

公正証書とは何か

　たとえば、Aさんが友人のBさんに1年後に返済する、という約束で10万円を貸したとします。この場合に、もしBさんが1年後になっても返済してくれなければ、AさんはまずBさんに直接返済するように言うのが通常でしょう。Bさんが支払ってくれない場合、契約書があればそれを根拠にしてBさんに支払いを迫ることができます。

　しかし、契約書の作成に不慣れな人が作成した場合、大切な内容が抜けていたり、法律的に意味のない取り決めをしてしまう可能性もあります。作成した書面の内容に不備があるような場合には、その不備の部分について当事者で争いが生じてしまう可能性はあります。

　こうしたリスクを回避するために、一般的に、公正証書が利用されています。公正証書は、公証人（法律の専門知識をもった資格のある公務員のこと）が作成する書類です。公証人は、元裁判官や元検察官といった法律実務を長年経験してきた専門家の中から法務大臣によって任命を受けた人です。契約書が公正証書で作成されていた場合には、書類の内容を書き換えられても、公正証書をなくしてしまっても、公正証書の原本が公証役場に保管されているため、問題ありません。

　通常、Aさんが訴訟を提起した場合、Aさんがお金を貸したことをAさんが証明しなければなりません。作成した公正証書を裁判所に証拠として提出すると、説得力のある有力な証拠として扱われます。このように、公証人が作成した書類には、高い証明力が認められているのです。

　また、公正証書に基づいて強制執行（国家の力で強制的に権利を実現すること）ができるという強力な効果も与えられることがあります。

強制執行できたり証拠になったりする

　契約書を公正証書にした場合、一般的に次のようなメリットがある、と

言われています。
① 公正証書に執行認諾約款（20ページ）をつけた場合、裁判所による判決を経なくても強制執行をかけることができる
② 契約書を公証人が公証するので、書面に高度な証明力が認められている
③ 通常の契約書よりも債務者に対してかなりのプレッシャーを与えることができるので、債務不履行になりにくい

　このうち、①についてですが、どのような内容であっても執行認諾約款をつけられる、というわけではありません。金銭の支払いや株式などの有価証券の一定数量を給付することを目的とした請求に限られています。具体的には、金銭の支払いを目的とした請求内容となる金銭消費貸借契約や売買契約などについての公正証書には執行認諾約款をつけることができます。また、たとえば賃貸借契約についても、公正証書で賃料の支払いについて執行認諾約款をつけておくと、強制執行をすることも可能です。

　金銭の支払や株式などの有価証券の一定数量を給付することを目的とした請求以外の場合は、執行認諾約款をつけることはできませんが、上記のメリット②のように、高度な証明力があるので、訴訟の場合、有力な証拠となりますし、また、メリット③のように、債務者にプレッシャーを与えることができるので、あらかじめトラブルを回避できる可能性が大きいといえます。

　こうした事情から、トラブルに発展しやすそうな複雑な契約や大きな金額が動く契約を結ぶ場合には、予防策として公正証書で作成されるケースが多く見受けられます。

何でも強制執行できるのか

　公証人に公正証書の作成を依頼する場合、事前に契約書の案を作っておいた上で公証役場まで出向かなければなりません。また、公正証書の種類、内容に応じた費用が必要となります。しかし、こうした手間と費用がかかったとしても、後日のトラブルを予防できる、という公正証書のメリットはかなり大きいと言えます。

　公正証書を作成する時には、「債務者の強制執行を受けてもよい」という文言（執行認諾約款）をつけておくと、債権者としてはさらに大きなメ

リットを享受することができます。たとえば前述のBさんが約束の期日を過ぎても10万円を返済しなかったとします。その場合、Aさんは時間と費用のかかる裁判をすることなく、Bさんの財産について強制執行の手続きをとることができます。

　ただし、強制執行はどのような場合でもできるわけではありません。執行認諾約款をつけておかなければできません。公正証書に執行認諾約款がついていない場合には、記載内容について、裁判を経ずに強制執行することはできないのです。

　また、債務者が負う債務の内容についても制限があります。具体的には、金銭を支払う債務か、一定数量の代替物や株式などの有価証券（債権なども含まれます）を給付する内容の債務でなければなりません。したがって、たとえば、金銭債務ではない不動産の引渡しを債務とする契約の場合や特定の絵画を描く内容の債務など、対象が代替物ではないものについては、強制執行をすることはできません。

■ **公正証書のメリット**

メリット
- 真正に成立した文書であると推定される
- 公正証書の原本が公証役場で厳重に保管される
- 強制執行認諾約款の記載があれば、訴訟を経ずに強制執行を申し立てることができる
- 通常の契約書よりも強力な心理的圧力をかけることができる

4 どんな場合でも、どんな内容でも公正証書にできるのか
法律で作成が義務づけられているものもある

📄 公正証書が作成できない場合もある

公正証書には様々なメリットがありますが、どんなものでも公正証書にできる、というわけではありません。具体的には、以下に該当する場合、公正証書を作成することはできません。

・**当事者が制限能力者である場合**

まず、未成年者や成年被後見人等の契約についてです。成年被後見人等とは、成年被後見人（精神上の障害があるため判断能力を欠く常況にある人）や被保佐人、被補助人といった制限能力者（精神の障害により判断能力が著しく不十分な人または判断能力が不十分な人）のことです。未成年者や成年被後見人が契約を結ぶ場合、原則として本人だけで行うことはできません。したがって、契約の当事者が制限能力者である場合には、公正証書の内容に問題がなくても、公正証書を作成することはできません。

・**公序良俗に反する内容のもの**

社会一般の秩序や道徳のことを公序良俗と言います。公序良俗に反する内容については、民法によって絶対的に無効である、とされています。契約内容がこの公序良俗に反する内容である場合には、公正証書にすることはできません。

上記の内容に該当しない場合で個人の権利義務に関係があることについては、原則として公正証書を作成することができると考えてよいでしょう。ここで言う権利義務とは、法律的な権利義務のことです。単なる事実上の事柄については対象とされていません。

法律的な権利義務のうちで、公正証書の対象となる事項は、以下の2つに大別することができます。

① **法律行為に関する公正証書**

売買契約や賃貸借契約などの契約、遺言などは法律行為に該当しますから、公正証書の対象となります。

② 個人の権利の取得・変更・消滅に関する事実を証明する公正証書

契約書の作成や遺言書の作成といった内容だけでなく、個人が有する権利について、その権利を得た場合や失った場合、あるいは変更した場合に、そうした権利の変動の原因となる事実を証明する必要が生じることがあります。この事実を証明するために公正証書を利用することができます。

公正証書を作成しなければならないケースもある

以下の文書については、そもそも書面を公正証書で作成しなければならない、とされています。公正証書の作成が義務づけられているのは、公正証書を作成する当事者に、慎重になるように促す必要がある場合や、権利義務関係を明確にする必要性がある場合です。例として次のようなケースが挙げられます。

・事業用定期借地権を設定する契約を結ぶ場合

もっぱら事業のために使用する建物を所揺するために土地を10年以上50年未満の期間、賃貸借する場合、賃借人が有する権利を事業用定期借地権と言います。この事業用定期借地権には、契約の更新や建物買取請求権などの借地人保護のための特別規定が適用されなくなります。このため、事業用定期借地権を設定する契約については、公正証書によって作成しなければならない、とされています。

・マンションなどの管理規約

マンション（区分所有建物）の管理規約については、原則として、区分所有者の頭数と議決権の各4分の3以上の多数で決定しなければなりません。しかし、マンションの分譲前であれば、規約敷地や規約共有部分といった項目について、分譲業者が単独で管理規約を定めることができます。分譲業者が管理規約を事前に定める場合は、公正証書で作成しなければならない、とされています。

・任意後見契約を結ぶ場合

任意後見契約を結ぶ場合、財産管理を依頼する本人と依頼を受けて将来本人のために財産管理を行うことになる任意後見受任者との間で任意後見契約書を作成します。この任意後見の契約書は公正証書で作成しなければなりません。

第2章

公正証書の基本と公証役場での手続き

1 公正証書にするとどんな効力があるのか

証拠としての効力や債務名義としての効力がある

公正証書の効力とは何か

　公正証書にはふつうの文書と比べていくつかの特殊な効力が認められています。公正証書の作成を考えている場合には、公正証書に具体的にどのような効力があるのか、正確に知っておく必要があります。

訴訟の場での証拠としての効力もある

　たとえば金銭消費貸借契約（お金を貸す契約のこと）を結ぶ際に、債権者と債務者がそろって公証役場に出向いて公正証書を作成しておいたとします。その際、金銭消費貸借契約に契約の日時、金額、支払期日、支払利息など、必要な事項についてはすべて記載したものの、執行認諾約款（20、37ページ）はつけていなかったとします。この場合、いきなり強制執行をすることはできないので、債務者である借主が借金を返済しないとき、お金を貸した債権者は、借主に対して借金の返済を命じる判決を得るために、訴訟を起こすことになります。ただ、訴訟を起こした場合、原則としてその債権者が債務者にお金を貸したことを証明しなければなりません。証明するためには、証拠となりそうな文書などを提出することになります。裁判の場では、このようにして提出された文書に関する形式的証拠力と実質的証拠力が検討されます。

　裁判官が形式的証拠力を検討する場合、「この文書は本当に作成名義人が作成した文書なのか」という点について検討します。たとえば、その文書が偽造されていたような場合には、「形式的証拠力がない」ということになります。この点について、その文書が公正証書であれば、真正に成立した公文書であることが推定されます。

　したがって、債権者が裁判の場で契約時に作成した公正証書を証拠として提出すると、その公正証書が真正に成立した公文書であることが推定され、相手方である債務者が反対の証拠を提出しない限り、そのまま公証人

が真正に作成した文書と認められます。

　一方、裁判官が実質的証拠力を検討する場合、「この文書の内容は真実であるか」という点について検討します。この点について、公正証書が証拠として提出されたとしても、その内容が真実かどうかについて、法律上特に定めはありません。

　したがって、実質的証拠力については、公正証書であるから真実の内容である、と推定されることはありません。裁判官は文書に記載された内容が真実かどうかについて、合理的に判断することになります。

　ただ、公正証書は法律のプロとして、長年経験を積んだ公証人が作成しているものですから、内容についても、合理的で真実を反映している、と考えられやすいと言えます。したがって、法律上推定されるといったことはないにしても、公正証書の内容についてもかなり信用性の高いものとして評価される可能性は高いと言えます。

強制執行における債務名義としての効力

　訴訟に勝ったとしても、相手方が債務を履行してくれなければ、強制執行をしなければなりません。そして、実際に強制執行をするには、債務名義が必要です。強制執行とは、裁判所に申立てをして、強制的に相手方の財産から回収することです。**債務名義**とは、強制執行によって実現しようとする権利の存在・内容を証明するものです。

　このように、一般的には裁判で勝訴判決を得てから強制執行をしなければならないのですが、公正証書に執行認諾約款（次ページ）をつけていた場合には、この債務名義を得ていることになるため、訴訟を経ずに強制執行をかけることができます。具体的には、次の要件を満たす場合に、公正証書に債務名義が認められます。

① 　公正証書の内容が、「金銭の一定の額の支払またはその他の代替物（個性がなく、同じ種類・同じ量・同じ質のものを給付すればそれで事足りるもの）あるいは有価証券（手形・小切手などの財産権を表した証券）の一定の数量の給付を目的とする請求」である場合

　不動産や特定の動産の引渡しについては、強制執行をすることはできません。

② 公正証書に執行認諾約款が付されていること

つまり、債務者が、すぐに強制執行されてもかまわない、と認めていて、そのことが公正証書に記載されていなければ、債務名義とはならない、ということです。この記載を一般的に「執行認諾約款」と言いますが、他にも「執行認諾文言」や「執行受諾文言」などとも呼ばれています。

📝 事実上の効力もある

公正証書の利用を考える場合には、公正証書に認められている法律上の効力だけでなく、実質的に当事者に及ぼす効力も見逃せません。

公正証書に認められている訴訟の場における証拠力の高さや強制執行時に威力を発揮する債務名義としての効力は、実際にその場面になったときだけに発揮されるわけではありません。

公正証書にはこうした強力な効力がある、という事実が当事者、とりわけ債務者にとって大きな影響を及ぼすのです。

具体的には、「債務者が、履行しなければ裁判の場で不利になるかもしれない」と思ったり、「強制執行をかけられてしまうかもしれない」と思い、「なんとしても債務を履行しよう」という気持ちになる可能性が高いと言えます。その結果、債務者が債務不履行のまま放置する、といった事態は生じにくくなります。

このように、法律的な効力があるおかげで、実質的に債務者の履行を促す強力な効力が二次的に発揮されるのです。

■ 公正証書が債務名義となるための条件

条件1
以下のいずれかを目的とする請求であること
- 金銭の一定額の支払
- 代替物の給付
- 有価証券の一定数量の給付

条件2
執行認諾約款が備わっていること

2 どこへ行けば公正証書を作ってもらえるのか
公証役場へ行って嘱託する

公証役場とはどんなところなのか

　公正証書を作成するには、公証役場にいる公証人に作成を依頼しなければなりません。**公証役場**とは、法務大臣の指定した地に設けられた公の機関で、公証人が公証事務を行っているところです。

　公証役場は、全国各地にありますが、必ずしも最小の行政区画ごとに設置されているわけではありません。公証事務の多い地域には多くの公証役場が設置されている一方で、あまり公証事務が多くない地方の場合には、一つの公証役場がカバーする地域が広範囲に及んでしまう傾向にあります。

　東京都内の場合にはそれほど苦労することはないと思いますが、地方の場合には、公証役場に行くだけでも結構な時間がかかる場合がありますから、公正証書を作成する場合には、事前に自分が利用できる公証役場がどこにあるのかを確認しておいた方がよいでしょう。公証役場は各地方にある法務局に属しています。最寄りの公証役場がどこにあるのかを調べるには、法務局のホームページ（http://houmukyoku.moj.go.jp/homu/static/index.html）にアクセスして管轄の法務局のページから公証役場について記載されたページを参照するとよいでしょう。

　また、全国の公証人会と公証人で組織されている日本公証人連合会という団体のホームページ（http://www.koshonin.gr.jp/index2.html）にも、全国の公証役場が掲載されています。

公証人とはどんな人物か

　公正証書を作成する権限を持つ公証人は、誰でもなれるわけではありません。公証人は、試験に合格した人か、経験を積んだ法律の専門家のうち法務大臣に任命された人が担当します。

　公証人については、公証人法という法律の規定によって具体的に定められています。これによると、成年者である日本国民のうち、試験に合格し、

かつ6か月以上の修習を公証人見習として経た人がなるものとされています。それ以外では、簡易裁判所判事を除く裁判官か検察官、弁護士の資格をもつ者のほか、長い実務経験を有している人の中で裁判官・検察官・弁護士と同等の知識をもっていて公証人にふさわしいと認められた人がなることができます。この場合には、試験や修習を経なくても公証人となれます。

たいていは、裁判官や検察官を退官した人が任命されていることが多いので、年配の公証人が多いようです。これは、公証人には高度の法律の知識だけでなく、豊かな実務上の経験が求められることを考えると適切と言えるでしょう。このように、通常の契約書と比べて高い証明力を持つ公正証書を作成する権限を持つ公証人を担当するのは、法律の専門家として長年にわたって経験を積み上げてきた人なのです。

公証役場に行く

公証人が仕事をしている公証役場は、誰でも利用することができます。公正証書を作成する際には、実際に公証役場に出向くのが原則です。その際には、受付時間を事前に確認しておくようにしましょう。公証人について定めている公証人法施行規則によると、公証人も法務省職員の勤務時間に準じる、とされていますから、だいたい9時から17時くらいまでを目安としておくとよいでしょう。

公証役場には、公証人の事務を補助する書記も勤務しています。書記は、公証役場で働いてはいますが、これは公証人と締結する雇用契約に基づいているためで、公務員として働いているわけではありません。この点で、公務員である公証人よりも公正証書を作成するにあたって個人的な内容を話す必要がある場合などには、不安になるかもしれません。しかし、その業務上の特殊性から、書記には守秘義務（職務上知ることができた秘密をもらさないようにする義務）が課されています。したがって、仮に公証人に公正証書作成の依頼をする際に書記が同席したとしても、話した内容が外部に漏れることはないので、安心して下さい。

管轄とは何か

公証役場に勤務している公証人には、それぞれ**管轄**があります。管轄と

は、公証人が公証人としての執務を行うことができる土地的な範囲です。つまり、公証人はどこの土地の問題であっても対応できる、というわけではないのです。個々の公証人の管轄は、その公証人が所属している法務局の管轄区域内となります。公証人の管轄外の事項については、原則として執務を行うことはできません。仮に管轄外の事項に関する公正証書を作成したとしても、その公正証書は無効となります。

通常は、公証役場に出向いて公正証書の作成を嘱託しますから、特にこの管轄の問題は意識する必要はないでしょう。ただ、もし病気などの理由で公証役場に出向くことができない場合には公証人に来てもらうことも可能です。その際に、公証人の管轄外の場所まで出向いてもらって嘱託することは管轄外となるためできません。

したがって、仮に東京に住んでいる人が、大阪の公証人に嘱託しようと思った場合、本人がその公証人が仕事をしている大阪の公証役場まで出向いて嘱託する分には何の問題もありません。ただ、この東京に住んでいる人が、大阪の公証役場で執務を行っている公証人に東京の自宅に来てもらって公正証書を作成してもらうことはできない、ということになります。

除斥とは何か

公証人の制度には、除斥というものがあります。これは公証事務には公正さが要求されるからです。除斥とは、担当から外されることです。つまり、公正さを要求される公証事務において、その公証人をそのまま担当とすると公正さを保てない恐れがある事情がある場合に、その公証人を担当から外すことを除斥といいます。

公証人は、主に次のような事情に該当する場合に除斥されます。
・公証人が、嘱託人・嘱託人の代理人・嘱託事項について、利害関係を有する者の配偶者・4親等内の親族・同居の親族であるとき
・公証人が、嘱託人の保佐人であるとき
・公証人が、嘱託事項について利害関係を有する場合
・公証人が、嘱託事項について代理人などになっている場合

仮に、本来除斥されるはずの公証人が除斥されずに公正証書を作成した場合、その公正証書は無効となるので、注意が必要です。

3 公証役場へ行く前に準備しておくこと

当事者を確認するための資料が必要になる

📄 公証役場に行く前にやっておくこと

　公正証書の作成を依頼する場合、公証役場に出向いた人が依頼する本人なのか、それとも代理人なのか、を証明できる書類などを持って行く必要があります。また、仮に代理人に頼んで公証役場に行ってもらう場合には、委任状などが必要となります。

　当日必要となる書面などを準備せずに出向いた場合、後日改めて持参しなければならなくなりますから、当日すぐに公正証書を作成してもらえるように、こうした書面を揃えておくほか、必要な準備を事前に行うようにしましょう。

　公証役場では、限られた時間内で、公正証書にしたい内容を公証人に説明する必要があります。そのためには、事実関係などを事前にわかりやすいように書類にまとめておくと便利です。

　事前に依頼すべき内容をまとめたら、必要な書類をそろえます。準備しなければならない書類は、具体的に作成する公正証書の内容に応じて異なってきますから、公証役場に出向く前に、電話などで確認しておくとよいでしょう。

　ここでは、一般的に必要となるものについて挙げておきます。

・嘱託人の身分証明

　公正証書の作成を依頼する本人を嘱託人と言いますが、依頼する人がこの嘱託人本人であることを証明するための書面を持参します。たとえば運転免許証やや印鑑証明書などです。

・代表権の証明

　嘱託人が会社などの法人の場合は、嘱託した人がその法人の代表権限を有していることを証明する書面が必要です。具体的には、登記事項証明書（代表者事項証明書や現在事項全部証明書など）です。

・代理権の証明

代理人に出向いてもらう場合には、その代理人が代理権を持っていることを証明するための書面として委任状と本人の印鑑証明書が必要になります。また、出向いた人が代理人本人であることを示すために、代理人の印鑑証明書なども必要です。

・**事実関係の証明**

　公正証書にする内容に応じて、内容に関連する事実関係を証明する書類が必要となります。たとえば、不動産に関する内容である場合には、その不動産がその人の所有物であることを証明する登記事項証明書などが必要となります。一方、遺言書を公正証書で作成するような場合には、親族関係を証明する書面として戸籍謄本などが必要となります。

■ **当事者を確認するための資料**

本人が公証役場に行く場合		代理人が公証役場に行く場合
個人の場合 ①②③④のうちの いずれかが必要	法人の場合 ①②のうち いずれかが必要	個人・法人の場合とも ①②③のすべてが必要
①運転免許証と認印	①代表者の資格証明書と代表者印及びその印鑑証明書	①本人作成の委任状 委任状には本人の実印（法人の場合は代表者印）を押す。委任状には、契約の内容が記載されていることが必要。委任内容が別の書面に記載されているときは、その書面を添付して契印（2枚以上になる書類が一体のものであることを示すための印）する。白紙委任状は認められない。
②パスポートと認印	①法人の登記簿謄本と代表者印及びその印鑑証明書	②本人の印鑑証明書 法人の場合は、法人の登記事項証明書を添える。
③住民基本台帳カード（顔写真つき）と認印		③代理人自身のａ運転免許証と認印、ｂパスポートと認印、ｃ住民基本台帳カード（顔写真つき）と認印、ｄ印鑑証明書と実印（abcdのうちのいずれかが必要）
④印鑑証明書と実印		

4 本人または代理人が書類を提出する

代理人に依頼する場合、委任状を公証人に提出する

📄 印鑑証明書などを提出すればよい

　公正証書を公証人に作成してもらうには、本人か本人の代理人が公証人に依頼しなければなりません。依頼する時には、原則として公証役場に出向くことになります。その際、公証人が、公証役場に来た本人や代理人と以前から面識がある場合には、本人であることを証明する書面を提出しなくても問題はありません。

　しかし、実際に公証人と顔なじみというケースはあまりないでしょう。このような場合には、公証役場に来た人が公正証書の嘱託を行う本人（嘱託人）であることを証明できるような客観的な証拠を提出し、公証人がこれを確認することで、本人であることを確認する、というルールになっています。つまり、公証役場に出向いたのが依頼する本人であったとしても、公証人と顔なじみなどでない限りは、自分が依頼する本人であることを証明する書面を提出しなければならないのです。仮に本人であることを証明する書面を持たずに出向いてしまった場合には、公正証書を作成してもらうことはできません。書面を準備してから出直す必要があります。

　本人であることの証明は、印鑑証明書の提出やこれに準ずる方法によって、行いますが、メインとなる方法は印鑑証明書の提出です。印鑑証明書の交付を受けるには、実印の印影を住所地を管轄する市区町村役場に登録しておくことが前提となります。もし印鑑登録をしていない場合には、事前に印鑑登録をしておく必要があります。印鑑登録をしておくと、必要に応じてその印鑑が実印であることを証明することができます。この証明のために市区町村で交付される書面が印鑑証明書と言われるものです。印鑑登録を終えると、カードが交付されます。印鑑証明書の交付を受けるには、このカードが必要となります。

　なお、公正証書の作成を依頼する時に提出する印鑑証明書は、交付されてから3か月以内のものでなければなりません。

印鑑登録をしていない人が公正証書の作成を依頼する場合には、印鑑証明書を提出することはできませんから、これに準じる他の方法を用いる必要があります。また、印鑑証明書の交付を受ける時間がない場合や急いで公正証書の作成を依頼しないといけないような事情がある場合には、他の方法で本人であることを確認することになります。具体的には、運転免許証、パスポート、外国人登録証などによって確認してもらうことになります。ただ、公証役場によっては、印鑑証明書以外の確認方法を認めていないこともあるので、念のため、事前に確認した方がよいでしょう。

　なお、緊急の必要性があって、かつ嘱託人がその人が本人ではないことを早急に証明できない場合は、とりあえず公正証書を作成しておいて、その後3日以内にその人が本人であることの確認を行うこともできます。このように、事後的に確認する方法を「追完」といいます。

　具体的には、公証人から見て客観的な理由がある、と判断できる場合に追完が認められます。仮に公正証書が作成された後から考えると客観的に緊急な理由があるとはいえない場合であっても、本人であることの確認が追完されている場合には、その公正証書は有効なものとして扱われます。

代理人によっても嘱託できる

　公正証書は、作成依頼する契約などの当事者双方が公証役場に出向いて公証人に嘱託をしたうえで公正証書にしてもらう内容を伝えるのが原則です。

　しかし、入院していて公証役場に出向けない場合やどうしても公証役場に行く時間をとることができないといった事情で公証役場に出向けない場合もあります。このような場合には、代理人によって嘱託してもらう方法をとることもできます。たとえば、家族や友人、知人など、だれか都合のよい人に代理を依頼しても問題ありません。

　また、公証人に嘱託する内容が専門的なために正確な嘱託を行う自信がない、といったケースであっても法律に詳しい代理人に行ってもらうこともできます。

　実際に、公正証書の作成の嘱託を代理人によって行う場合には、その代理人に権限を与える必要があります。公正証書はかなり大きな効力を与え

る結果となる可能性の高い書面です。特に執行認諾約款のついた公正証書を作成する場合には、その効力も絶大です。このような場合は、弁護士や司法書士などの専門家に代理人となってもらうケースが多いようです。

委任状が必要になる

公正証書の嘱託を代理人に行ってもらう場合、特にその代理人に必要となるような資格はありません。ただ、たとえば、公証役場に公正証書を嘱託する本人の代理人である、と称して現れたとしても、その人が、本当に嘱託人の代理人であるかどうかはわかりません。

そのため、代理人が本人から委任を受けていることを証明するため委任状には、本人の印鑑証明書も添える必要があります。このように、委任状自体が、本当に本人によって作成されたものであることを証明するためには、役所が作成した印鑑または署名に関する証明書である印鑑証明書が一般的に使用されています。

ただし、嘱託人が外国人の場合には、印鑑証明書ではなく署名（サイン）で同一性を証明してもらう場合が多いようです。

委任状作成時の注意点とは

委任状は、代理人が有している権限を証明する証書ですから、嘱託した本人（委任者）、代理人（受任者）の氏名を記載する必要があります。また、嘱託人と代理人の住所や生年月日なども記載します。特に代理人の住所・氏名については、白地にしておくと後で別の氏名を記入されたりするおそれがないとは限りません。第三者による悪用を防ぐためにも、必ず記載するようにしましょう。委任内容については、執行認諾約款を記載するかどうかを明らかにしておきます。委任内容が不明確だと公証人が嘱託を受けない可能性もあります。代理人によって公正証書が作成された場合には、作成日から3日以内に、公正証書の件名・番号、公正証書の作成日、公証人の氏名、公正証書を作成した公証役場、代理人・相手方の氏名・住所、執行認諾約款の有無について、本人に通知されます。これは、偽造・変造・流用といった問題に対応するためのものです。

■ 委任状

委任状

　私は、〇〇〇〇を代理人と定め、次の契約事項について公正証書作成の嘱託に関する一切の権限を委任する。

1. 債権額　　金〇〇〇万円
2. 債権発生原因　　平成〇〇年〇月〇日金銭消費貸借
3. 当事者
　　債権者　甲山太郎
　　債務者　乙村憲一
4. 連帯保証人
　　丙野伸介
5. 弁済方法
　　適宜、相手方と協議の上、決することとする
6. 利息
　　年18%
7. 遅延損害金
　　年20%
8. 期限の利益喪失約款に関する事項
　　適宜、相手方と協議の上、決することとする
9. 強制執行認諾約款を付することとする
10. 本委任状により作成される公正証書に関する執行分付与の申立、郵便による送達申立、および公正証書謄本等送達証明申請、並びにこれらの申立に関する書類の受領および予納郵券の受領等に関する一切の権限

平成〇〇年〇月〇日

　　　　　　　　　住所　東京都〇〇区〇〇町〇丁目〇番〇号
　　　　　　　　　氏名　甲山太郎　㊞
　　　　　　　　　職業　〇〇〇〇
　　　　　　　　　生年月日　昭和〇〇年〇月〇日

　　　　　　　　　住所　東京都××区××町×丁目×番×号
　　　　　　　　　氏名　乙村憲一　㊞
　　　　　　　　　職業　〇〇〇〇
　　　　　　　　　生年月日　昭和〇〇年〇月〇日

5 公正証書を作る具体的な手続きについて知っておこう
公正証書にしたい文書の内容はまとめておくこと

公正証書の作成手続について

公正証書の作成を依頼する場合には、事前に入念に準備をしておく必要があります。だいたい、以下のような順番で手続きを行うことになります。

① **書類を準備する**

本人・代理人であることの証明書などを準備します。

自分で嘱託(依頼すること)する場合には、自分の印鑑証明書を1通と実印を準備しておきます。法人が嘱託する場合には、法人の登記事項証明書(代表者事項証明書など)が1通必要となります。

代理人が嘱託する場合には、委任状と本人と代理人の印鑑証明書を各1通と本人の実印を準備します。本人が個人ではなく法人の場合には、その法人の登記事項証明書(代表者事項証明書など)も1通必要となります。

② **公正証書に記載してもらう内容を整理する**

専門用語でまとめる必要はありませんが、事実関係など、公正証書に記載する際に必要となりそうな事項については、あらかじめ内容をリストアップし、文書にまとめておくとよいでしょう。

③ **事前に確認してから準備する**

はじめて公正証書の作成を嘱託する場合には、念のため、事前に公証役場に連絡して、準備すべきものについてアドバイスを受けておいた方がよいでしょう。特に依頼する内容が複雑なものである場合には、揃えなければならない書類も多くなりますから、二度手間を防ぐ意味でも、確認しておくようにしましょう。

④ **公証役場で手続きを進める**

公証役場で手続きを進めるには、事前に連絡し、作成を依頼する日を予約しておきます。当日は、原則として当事者双方がそろって出向くことになりますが、代理人に依頼することも可能です。いずれにしても当事者か当事者の代理人がそろって、公証役場に出向くことになります。

公証役場はだいたい9時から17時まであいていますが、作成には時間がかかりますから、遅くとも16時までには公証役場に着くようにしておいた方がよいでしょう。また、事前に連絡した際に予約できた場合には、予約した時刻に出向くようにしましょう。

公証役場に着いたら、受付で公正証書作成の嘱託のために来たことを伝え、係員に案内してもらいます。担当となる公証人のもとに案内されたら、どのような公正証書を作成してほしいのかを説明します。その際には、事前に準備しておいた書面や内容をまとめた文書を見せ、明確に説明するようにします。質問を受けたら事実を回答するようにします。

確認すべき事項の確認が終わり、書類などの不備がなければ、公正証書の作成に入ります。

⑤ 公正証書が完成したら

公正証書はその場ですぐに完成し、受け取れることもありますが、複雑な書面などについては、後日、指定された日に完成した公正証書を受け取りに来る必要があります。

いずれにしても、公正証書が完成した場合には、公証人が当事者の前で内容を読み上げてくれますから、その内容に間違いがないか、過不足がないかを確認する必要があります。その際、わからない点があったらそのままにせずに、どういう意味なのかをきちんと確認するようにしましょう。

■ 公正証書の作成の流れ

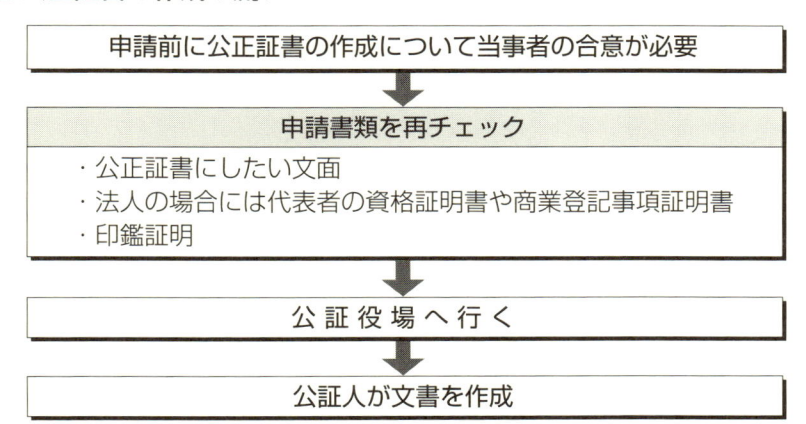

```
┌─────────────────────────────────┐
│ 申請前に公正証書の作成について当事者の合意が必要 │
└─────────────────────────────────┘
              ↓
┌─────────────────────────────────┐
│          申請書類を再チェック          │
├─────────────────────────────────┤
│ ・公正証書にしたい文面                │
│ ・法人の場合には代表者の資格証明書や商業登記事項証明書 │
│ ・印鑑証明                        │
└─────────────────────────────────┘
              ↓
┌─────────────────────────────────┐
│           公証役場へ行く            │
└─────────────────────────────────┘
              ↓
┌─────────────────────────────────┐
│         公証人が文書を作成           │
└─────────────────────────────────┘
```

公正証書の内容にまちがいがないことを確認したら、当事者がそれぞれ記名・押印をします。記名・押印がなされた公正証書には法律的な効力が発生することとなります。

どのくらいの費用がかかるのか

公正証書の作成を依頼する際には、作成のために必要な費用を支払わなければなりません。具体的には、公証人の手数料を支払うことになっています。公証人に支払う手数料は、公証人手数料令という法令によって具体的に規定されています。

手数料は作成を依頼した公正証書に記載した内容によって異なります。たとえば売買契約についての契約書を公正証書で作成した場合には、その売買代金の額に応じて手数料も増減します。貸金契約の場合には、借金の額に応じて手数料が計算されます。

いずれにしても、公正証書の作成を依頼した場合には、作成が完了した時点で現金で支払わなければならないので、公証役場に行く前に、電話などで問い合わせておいた方がよいでしょう。

■ 公正証書の作成、執行文の付与などに必要な手数料

(平成22年9月現在)

	目的の価額	手数料	
法律行為に関する証書の作成	100万円以下	5,000円	
	200万円以下	7,000円	
	500万円以下	11,000円	
	1,000万円以下	17,000円	
	3,000万円以下	23,000円	
	5,000万円以下	29,000円	
	1億円以下	43,000円	
	1億円〜3億円以下43,000〜95,000円、3億円〜10億円以下95,000円〜249,000円、10億円を超える場合には249,000円に5,000万円ごとに8,000円を加算する		
その他	私署証書の認証	11,000円（証書作成手数料の半額が下回るときはその額）	外国文認証は6,000円加算
	執行文の付与	1,700円	再度付与等1,700円加算
	正本または謄本の交付	1枚 250円	
	送達	1,400円	郵便料実費額を加算
	送達証明	250円	
	閲覧	1回 200円	
	遺言手数料	遺言を受ける人数によって計算します ・目的の価額が1億円までは、法律証書の作成についての手数料額に11,000円加算 ・遺言の取消し 11,000円（目的の価額の手数料の半額が下回る場合にはその額） ・秘密証書遺言 11,000円	

6 公正証書には何が記載されるのか

全文は契約や事実関係に関する部分と本旨外記載事項で構成されている

公正証書の正本の内容はどうなっているのか

作成された公正証書の正本は、嘱託人に交付されます。

この正本に記載される内容は、公証人法によって定められており、具体的には、以下の内容が記載されることになっています。

① 全文
② 正本であることの記載
③ 交付請求者の氏名
④ 作成年月日・場所

このうち、契約の内容などが記載されているのは、①の全文です。

全文の内容について

公正証書の正本に記載されている全文は、さらに2つのパートから成り立っています。1つめのパートに具体的な内容（これを本旨と言います）が記載されています。具体的な内容とは、公証人が嘱託人や嘱託人の代理人から聞き取ってそれを録取した契約、事実関係に関する部分のことです。この本旨は、嘱託人が公正証書に記載してもらいたい内容として伝えた内容を実際に公証人が聞き取って記載したものです。具体的には、不動産の売買などであればその売買契約の内容、遺言書の場合には遺言の内容などです。

もう1つのパートには、公正証書に記載された内容そのものについてではなく、公正証書を作成する際の形式についての記載です。この記載は**本旨外記載事項**と言い、公正証書独特の記載内容となっています。契約書などを見た場合に、この本旨外記載事項があるかどうかでその契約書が公正証書による作成なのか、公正証書ではない契約書なのかはすぐにわかります。本旨外記載事項については、公証人法によって、その記載すべき事項が決まっています。具体的には、嘱託人の住所、氏名、年齢、公正証書を

作成した年月日、公正証書を作成した場所です。

記載の約束事について

公正証書に記載した内容は、その性質上、簡単に改変されないようにしなければなりません。このため、改変しにくいようにするルールに則って記載することになっています。具体的には、以下のルールに従って記載されます。

・日本語を用いて記載する（手書きだけでなくワープロも使用可能）
・続けて書くべき文字や行に間ができた場合、黒線で接続する
・日付・金額・番号などの数字は漢数字で記載する
・後で文字を挿入する場合は、挿入する箇所と字数を欄外の余白部分に記載し、公証人と嘱託人が原本に押印する
・文字を削除する場合は、削除部分が読めるように残し、公証人と嘱託人が原本に押印する（正本については公証人だけが押印）

■ 本旨外記載事項

①	証書の番号
②	嘱託人の住所・職業・氏名・年齢（法人の場合はその名称・事務所）
③	代理人による嘱託の場合はその旨、代理人の住所・職業・氏名・年齢
④	嘱託人または代理人の氏名を知り、かつ面識があるときはその旨
⑤	第三者の許可または同意あるときは、その旨およびその事由、第三者の住所・職業・氏名・年齢（法人の場合はその名称・事務所）
⑥	印鑑証明書の提出その他の方法で人違いでないことを証明させ、または証明書を提出させて証書の真正を証明させたときは、その旨およびその事由
⑦	代理人による嘱託の場合で、公証人が保存する書類で証書の真正が証明できるときは、その旨およびその事由
⑧	急迫な場合で人違いでないことを証明させることができない場合は、その旨
⑨	立会人を立ち合わせたときは、その旨およびその事由、立会人の住所・職業・氏名・年齢
⑩	作成の年月日・場所

7 その他こんなことを知っておこう

印鑑証明などを提出すれば閲覧できる

公正証書の保管期間はどうなっているのか

　公正証書が実際に作成されると、その原本は番号順につづられ、作成された公証役場にある建物内に保管されます。公正証書の保管期間は、原則として、原本が作成された年度の翌年から20年間ですが、嘱託人が同意すれば、5年間にまで短縮することができます。

　原則として、保管されている原本は外に持ち出すことは禁じられています。保管期間が満了すると、公正証書の原本は廃棄されます。廃棄の際には、公証人が目録を作成して、所属する法務局か地方法務局の長の認可を受けることになっています。

公正証書を閲覧するには

　公証役場の倉庫などに保管されている公正証書の原本は、次の要件を満たすと閲覧することができます。

① 　嘱託人本人が閲覧したい場合

　原則として嘱託人であることを証明する印鑑証明書の提出が必要ですが、例外的に運転免許証や外国人登録証などの提出が認められています。

② 　代理人を通じて閲覧したい場合

　代理人が閲覧する場合には、本人が交付した委任状の提出が必要となります。

③ 　相続人など嘱託人の承継人が閲覧したい場合

　嘱託人の承継人であることを証明できる書類の提出が必要となります。たとえば承継人が嘱託人の相続人である場合には、戸籍謄本が必要です。

④ 　公正証書の趣旨についての法律上の利害関係人が閲覧したい場合

　法律上の利害関係があることを証明する必要があります。なお、この利害関係とは、感情的な利害関係や事実上の利害関係ではなく、法律上の利害関係です。

公正証書が滅失したらどうなるのか

　公証人法によると、公正証書の原本が滅失した場合には、公証人はすぐにその原本が滅失したことを、所属する法務局か地方法務局の長に報告しなければならない、とされています。報告を終えた公証人は、原本を復旧させるために、嘱託人に交付してある公正証書の正本か謄本を入手して、滅失した証書に代えて保存します。その際、公証人は、その所属する法務局または地方法務局の長の認可を受けなければなりません。公証人は、認可を受けた上で、保存する公正証書に、その経緯を付記した上で、認可の年月日を記載し、記名・押印します。ただし、もし原本が滅失した時に、正本も謄本もない場合には、証書に代えることはできません。

金銭の支払いを目的としない場合について

　公正証書を作成する目的が金銭の支払いではなかったとしても、書面を公正証書にしておくと、特別な効力が認められることがあります。
　たとえば、遺言書を公正証書で作成する場合です。
　遺言書の保管者は、本人の死亡を知った後に、遺言書が勝手に書き替えられていないかどうかを確認するため、その遺言書を家庭裁判所に提出して、検認を受けなければなりません。検認とは、家庭裁判所が遺言書を確認することです。ただ、遺言書を公正証書で作成している場合には、検認は不要とされています。これは、公正証書の場合には、同じ内容の書面が公証役場に保存されているため、書き替えの心配がないからです。

8 執行証書を作成するときはどんなことに気をつけるべきか

必要な要件を欠かさないようにする

📝 金銭の支払いを目的とする場合に活用される

　取引の現場では、債権を確実に回収するための自衛策として、お金を貸したり商品を売却する際に、公正証書を作成しておいて、債権を回収できなくなったときに、それを根拠として裁判所に強制執行を申し立てる方法がとられます。もっとも、どんな公正証書でも強制執行の申立てが可能になるわけではなく、公正証書に執行認諾約款をつけた場合に認められます。

　本来であれば、債務者が債務を履行してくれない場合には、債権者は裁判を起こして勝訴した上で、別途、強制執行の手続きをとらなければなりませんが、執行認諾約款付きの公正証書を作成していた場合には、この裁判の過程を経ずに、強制執行によって債権の回収をはかることができます。たとえば、金銭の支払いを目的とする債務について作成された公正証書に執行認諾約款がついている場合、その公正証書は「執行証書」と呼ばれます。この執行証書は、訴訟で判決を得た場合と同じ債務名義となります。債務名義とは、強制執行の申立ての根拠となるものです。執行認諾約款のついた公正証書があると裁判を経ずに強制執行をかけることができるのは、この債務名義があるからです。

📝 執行証書の要件について

　執行証書としてのメリットを生かすためには、執行証書に必要な要件を満たす必要があります。実際に公正証書の作成を嘱託する前に、以下に挙げる要件を満たしているかどうか、確認しておくとよいでしょう。

① 債務を特定すること

　公正証書に記載する債務について、具体的に特定しておく必要があります。特に同じ債権者・債務者間でいくつかの債権・債務がある場合には、そのうちのどの債務についてのことなのかを明確にしておかなければなりません。公正証書以外に証拠となるような借用書や念書、注文書などがあ

ったとしても、公正証書上に明確な記載がない場合には、債務の特定という要件を満たしたことにはならないので、注意が必要です。

② **債務額が一定していること**

執行証書によって実際に強制執行の手続きに入ると、執行機関である執行官は、債務者の財産から債務名義である執行証書に記載されている債務の金額をもとにして強制的に債務者の財産から取り立てを行います。

この債務の金額がはっきりしていない場合、執行官は取り立てを行うことができません。したがって、強制執行の際に執行官が取り立てられるようにするためには、公正証書を作成する段階で、明確な金額を記載しておく必要があります。公正証書を作成する段階で債務額があいまいになっていると、せっかく裁判を経ずに強制執行をかけられる、というメリットが薄れてしまうので、注意して下さい。具体的には、債務額について、公正証書の記載だけをもとにして具体的な金額がわかるようにしておかなければなりません。債務の特定の場合と同様に、補充するような書類があっても、公正証書に具体的な金額がわかるような記載がない場合には、この要件を満たしていないことになるのです。なお、利息や遅延損害金については、公正証書に具体的な金額を記載していなくても、元本に対する率が明確にわかるように記載されていれば、問題ありません。

③ **将来の債権について**

将来発生する債権については、公正証書を作成する段階では債務を特定することができませんから、原則として、執行認諾約款をつけることはできません。ただし、例外的に、実現する一定の条件や到来する期限によって効力が発生する債権については、執行認諾約款をつけることが認められています。

④ **執行認諾約款の記載があること**

債務者が強制執行を受け入れる旨を約束したとしても、そのことを公正証書に記載しなければ、法的には意味のないものとなってしまいます。公正証書を作成する段階で、必ず執行認諾約款の記載を入れるようにしましょう。また、公正証書作成時に公正証書の謄本を債務者に送達する手続きをとっておけば、後日、強制執行をしようというときに、あらためて送達する必要がないので、有効といえます。

第3章

支払督促の手続と申立書の書き方

1 支払督促の申立てはどこの裁判所に出せばよいか

金額の大小にかかわらず簡易裁判所に申し立てる

支払督促は簡易裁判所の裁判所書記官に申し立てる

　支払督促は、簡易裁判所の裁判所書記官を通じて相手方に対して債務を支払うように督促する手続です。相手方との間で債権の存在の有無について食い違いがない場合に効果があります。ただし、相手方が督促内容に異議申立てを行うと支払督促の内容そのものについての争いとなるため、民事訴訟手続へと移行します。したがって、相手と意見が食い違った場合に、最終的に訴訟となってもかまわないと思えるような場合に支払督促を利用するのが一般的です。

　支払督促の申立てを行う場合、金銭的な限度はありません。つまり、5万円程度の借金から億単位の債権回収まで金額の大小に関係なく利用することができます。また、通常訴訟でもありませんから、140万円を区切りとした簡易裁判所と地方裁判所の管轄の違いもなく、必ず簡易裁判所の裁判所書記官に申し立てることになります。ただ、その後、相手方が異議を申し立てた場合は通常訴訟となりますから、金額に応じた管轄の裁判所で手続を行うことになります。

　支払督促を申し立てる場合は金額にかかわらず簡易裁判所を利用しますが、どの地域の裁判所でもよいというわけではありません。場所については、定められた地域の簡易裁判所の裁判所書記官に申し立てる必要があります。支払督促の場合、督促をする相手方の住所地を管轄している簡易裁判所の裁判所書記官となります。

　支払督促を申し立てる相手方が個人ではなく会社などの法人の場合には、法人の本店（本社）や主たる事務所の所在地を管轄している簡易裁判所に申し立てることになります。

　なお、債務に保証人がつけられていて、債務者、保証人のどちらに対しても請求したい場合には、それぞれの住所地を管轄する簡易裁判所に別途請求しなければなりません。ただ、相手方とその保証人の住所地を管轄す

る簡易裁判所が同じ裁判所の場合には、一つの申立てでどちらに対しても請求することができます。相手方が法人で、直接取引をしている相手が本社や本店ではなく、支店や営業所などの場合、その支店や営業所との間に生じた債権については、支店や営業所を管轄する簡易裁判所に支払督促を申し立てることができます。

　また、個人が相手の支払督促であっても、相手方が複数の場合の申立ては、それぞれの相手方の管轄の簡易裁判所の書記官に対して行う必要があります。仮に、別の管轄の相手方もまとめて一つの簡易裁判所に申し立てると、管轄外の相手への申立ては不適法であるとして却下（次ページ）されます。ただ、複数の相手方に対する申立てのうち、管轄内の者に対する申立てについては適法なものとして認められます。ここで言う相手方が複数とは、複数の債務者を相手とする他、債務者と保証人を相手とする場合も含まれます。

　なお、手形や小切手の支払督促の申立てについては、手形・小切手に記載されている支払地を管轄する簡易裁判所に申し立てることもできます。

■ 支払督促申立て手続の流れ

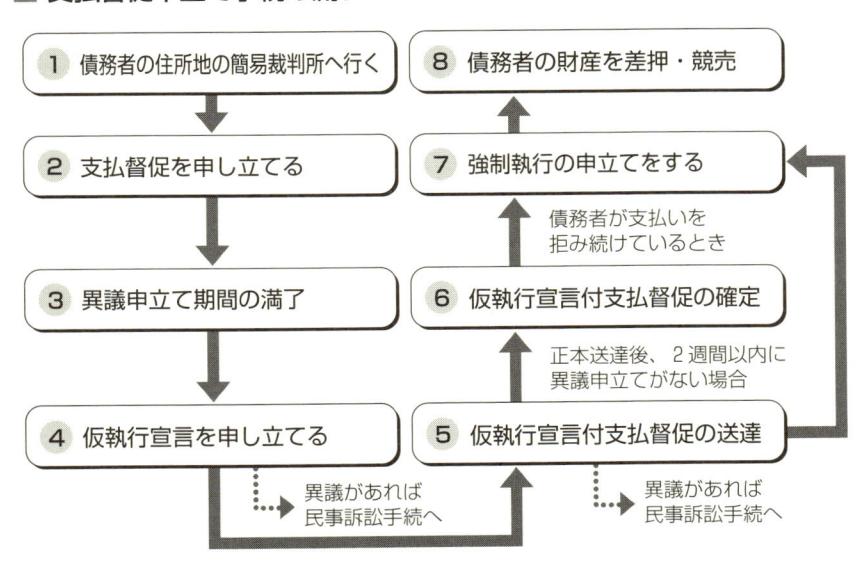

1. 債務者の住所地の簡易裁判所へ行く
2. 支払督促を申し立てる
3. 異議申立て期間の満了
4. 仮執行宣言を申し立てる
   　異議があれば民事訴訟手続へ
5. 仮執行宣言付支払督促の送達
   　異議があれば民事訴訟手続へ
6. 仮執行宣言付支払督促の確定（正本送達後、2週間以内に異議申立てがない場合）
7. 強制執行の申立てをする（債務者が支払いを拒み続けているとき）
8. 債務者の財産を差押・競売

2 申立てが受理され審査される

申立書類や添付書類に簡単な不備があっても補正できる

審査は形式的になされる

　支払督促の申立てを受けた裁判所の裁判所書記官は、内容についての審査は行いません。

　申立内容が正しいものとして、手続を進めるわけです。裁判所書記官は、申立てについて、形式的な要件を充足しているかどうかを審査します。たとえば、同じ内容の申立てを二重に行う二重申立ては無意味なことであるため、形式的に判断された上で却下（申立内容を判断することなく申立てを退けること）されます。審査は、申立時に提出された書面を形式的に確認する方法で行われます。要件を充足していない場合には、申立ては却下されますから、支払督促の申立てを行う場合には、事前に漏れがないかを確認するようにしましょう。

支払督促の対象となる債権の種類

　支払督促の対象となる債権は、金銭その他の代替物または有価証券の一定数量の給付請求権です。

　債権が支払督促の対象となるには、その支払期限が到来していることが条件となります。まだ支払期限が来ていないのに支払督促をすることはできないのが原則です。

　支払期限が来ていない場合、支払督促はできないのが原則ですが、一定の場合には支払期限の到来前の支払督促が認められることがあります。それは、約束手形（103ページ）の支払督促で、約束手形の振出人が破産した場合です。この場合は、振出人から支払を受けることを期待することはできません。したがって、支払期限の到来前であっても、債権者である手形の所持人は、手形の裏書人に対して手形金の支払を請求できます。

　支払期限前に支払督促の申立てが認められるもう一つのケースは、債務者が持っている期限の利益を喪失した場合です。たとえば、商品を分割支

払で購入したような場合に、それぞれの分割分についての支払期限が来るまでは、支払請求を受けることはありません。

このように、債権者から支払請求を受けないことを期限の利益と言います。債務者の期限の利益を喪失した場合には当初の支払期限前であっても支払督促の申立は可能となります。

期限の利益を喪失するのは、たとえば、各分割分の支払日に定められた金額を支払わなかったような場合です。たいてい、代金を分割で支払うような契約の場合には、期限の利益喪失約款と呼ばれる約款が契約書に記載されています。この約款には、たとえば、「合計〇〇〇〇円分支払を怠った場合に、支払代金の残金を直ちに全額支払わなければならない」といった内容が記載されています。こうした期限の利益喪失約款があり、実際に期限の利益を喪失した場合には、当初の支払期限の到来前であっても、支払督促をすることができます。

支払督促の申立てを行う簡易裁判所はどこか

支払督促の申立ては、相手が個人の場合には、相手の住所地を管轄する簡易裁判所の裁判所書記官に対して行います。相手が法人の場合には、事務所や営業所の所在地を管轄する簡易裁判所の裁判所書記官に対して行います。管轄があっているかどうかの判断は、申立書に記載される債務者の住所地や法人の事務所・営業所の所在地から判断されます。記載された住所地や所在地が申立てを受けた裁判所の管轄ではなかった場合、申立ては却下されます。

また、実際の相手方の住所地や所在地が、申立書の記載内容とは異なって、申立てを受けた裁判所の管轄ではなかった場合も、却下されます。

支払督促の申立てを行う場合には、相手方の所在地が正しいか、特に移転や転居などで管轄が変わっていないか、確認しておくようにしましょう。

請求の原因が不適法な場合は却下される

支払督促をする原因自体が適法なものではなかった場合、申立は却下されます。

適法ではない場合としては、たとえば、賭博による借金に対する返済の

請求や愛人契約の対価としての金銭の支払請求、利息制限法で定める利息の上限を超える利息を付した借金の支払請求などです。

　たとえば、利息制限法では、元本が10万円未満の借金の場合には、年に20％の利息が上限であると定められています。元本が10万円以上100万円未満の場合には18％、100万円以上の場合には、15％が上限とされています。これを超過した分は、債務者が同意していたとしても無効なので申立ては却下されます。

申立書や添付書類に不備がある場合

　申立書に簡単な不備があった場合には、補正するように伝えられます。補正とは、不備のある部分を訂正したり補充することです。たとえば、手数料や切手が定められている分に満たないために補正を指示された場合、その不足分を追加納付する必要があります。

　また、支払督促の申立てを行う場合、会社の代表者の代表権を証明する書面や支払督促の申立てを代理して行う代理人の代理権を証明する書面を提出する必要があります。

　代表権や代理権を証明する書面とは、会社の登記事項証明書や委任状などです。こうした書面が提出されなかった場合にも、補正を指示されます。

　指示された補正を行わない場合、裁判所書記官は一定期間を定めた上で補正を命じます（補正処分）。補正を命じられても行わなかった場合には、その申立ては却下されます。

　なお、申立てを却下された後、再び申し立てることはできます。この場合は、二重申立てにはあたりません。

申立てが受理されると

　申立てが受理されると、番号がつけられ、その後の裁判所とのやりとりに使われます。この番号を事件番号といい、「A簡易裁判所平成22年（ロ）第×××号△△事件」といった形式でつけられます。

3 支払督促の申立書を書く

契約書などを提出しなくてもよいのが特長

📄 申立書と添付書類について

　支払督促の手続は、当事者やその代理人が裁判所に出向いて行われる通常訴訟とは異なって、簡易裁判所の裁判所書記官に提出する書類をもとに進められます。書類に不備があると補正処分を受けたり申立てが却下されてしまうので、提出する申立書や添付書類には正確な内容を記載しなければなりません。

① 申立書

　支払督促の手続は、申立書を提出することからはじまります。
　申立書は自分で最初から全部作成するか、簡易裁判所に備えられているＡ４版の申立用紙に必要事項を記載して提出します。以下、裁判所に備えられている用紙の利用を前提に話を進めます。
　申立書は、「表題部」「当事者目録」「請求の趣旨及び原因」によって構成されています。これらの用紙を左とじにして、契印をします。契印は、書類の差し替え防止などを目的とするもので、それぞれの用紙のとじ目にまたがって印を押します。申立書への記載事項は、申立年月日、債権者の氏名・住所、債務者の氏名・住所、請求の趣旨、請求の原因などです。申立書はペン書き・楷書で記入し、原則として算用数字を使います。

② 目録などの数

　支払督促の申立てがなされると、申立てを受けた簡易裁判所の裁判所書記官は債務者に支払督促を送ります。支払督促には、債権者が申立時に提出した申立書を基に作成された「当事者目録」「請求の趣旨及び原因」が添付されます。そのため、申立書の、「当事者目録」「請求の趣旨及び原因」といった目録は、申立人の分を含めて原則として、それぞれ3通提出することになります。

必ず添付しなければならない書類がある

　支払督促の申立ての際には、申立書以外に、委任状や法人の登記事項証明書、戸籍謄抄本など、必要に応じて証明書類を添付する必要があります。ここでは、添付書類について説明します。

① 委任状

　委任状は、代理人に支払督促の申立てをしてもらう場合に必要となるものです。代理人が弁護士や簡易裁判所の訴訟代理権を認定された司法書士（ただし、請求額の元本が140万円以下の場合）ではない場合には、代理人許可申請書も添付します。

② 法人の登記事項証明書

　登記簿謄本と言われていたもので、現在は登記事項証明書という名称に改められています。

　登記事項証明書は、支払督促の申立て時に債権者や債務者が法人の場合に、添付します。登記事項証明書は、その法人の存在について証明したり、法人の代表者が代表権を持っていることを証明するために必要とされます。

■ 提出書類のとじ方

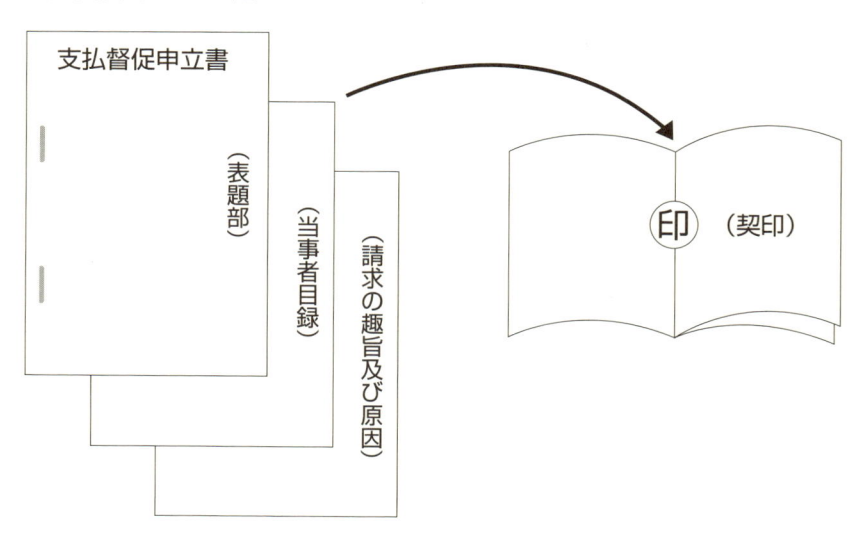

③ 戸籍謄抄本等

　当事者が未成年者である場合や成年被後見人である場合に添付する必要があります。このような場合には、未成年者や成年被後見人の法定代理人が支払督促の申立てを行ったり申立てを受けることになります。戸籍謄抄本や成年後見人の登記事項証明書は、法定代理権がその代理人にあることを証明するために添付します。法定代理権とは、本人による依頼などではなく、本人の意思とは無関係に法律上当然生じる代理権のことを言います。

契約内容を証明する書類はいらない

　支払督促の申立てを受けた簡易裁判所の裁判所書記官は、支払督促の申立書だけを審査します。つまり、債権者が主張していることが正しいかどうかを判断することはありません。したがって、代理権や代表権を証明する書類などを除いて、たとえば契約の存否を証明する契約書などの書類を提出する必要はありません。

■ 支払督促申立書の分類

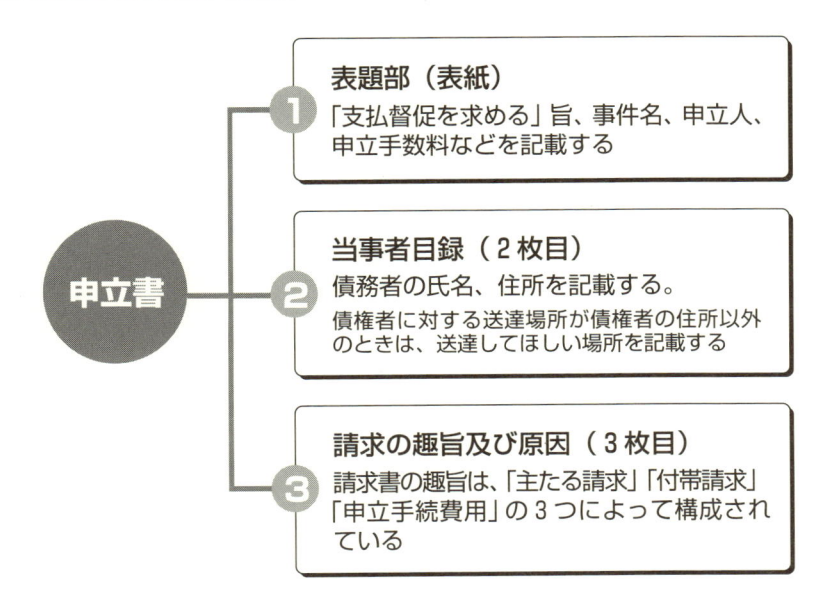

申立書

1. **表題部（表紙）**
「支払督促を求める」旨、事件名、申立人、申立手数料などを記載する

2. **当事者目録（2枚目）**
債務者の氏名、住所を記載する。
債権者に対する送達場所が債権者の住所以外のときは、送達してほしい場所を記載する

3. **請求の趣旨及び原因（3枚目）**
請求書の趣旨は、「主たる請求」「付帯請求」「申立手続費用」の3つによって構成されている

4 表題部を記載する
法人の名称や氏名は正確に書く

記載すべき事項は決まっている

　支払督促の申立書の表題部にはあらかじめ記載する事項が決まっています。ここでは記載内容について説明します。次ページに掲載した支払督促申立書の基本書式には、①〜⑦の番号を記載していますが、それぞれの番号について以下の事項を記載することになります。

① 支払督促申立書である旨

　「支払督促申立書」や「○○との支払督促を求める」といった記述をし、この申立てが支払督促申立書であることを明示します。この部分は、支払督促申立書にあらかじめ記載されていますので、ほとんど問題はないでしょう。

② 事件名

　支払督促の内容を事件名として記載します。

　たとえば、貸したお金を返すように求める場合には「貸金返還請求事件」、売買契約の代金を請求する場合には「売買代金請求事件」、さらにマンションなどの賃貸借契約で賃料を請求する場合には、「賃料請求事件」などと書きます。

③ 当事者の表示の記載

　当事者である債権者と債務者について、記載します。当事者については別紙の「当事者目録」に記載します。

④ 請求の趣旨及び原因の記載

　債権者が支払督促の申立てを行うに至った原因や請求の趣旨について記載します。請求の趣旨及び原因の記載についても、別紙の「請求の趣旨及び原因」に記載します。

⑤ 申立人の住所・氏名の記載

　債権者である申立人の住所と氏名を記載します。住所地とは異なる場所で裁判所からの送達を受けたい場合には、当事者目録欄に送達場所を別に

■ 支払督促申立書の基本書式

支払督促申立書 ────①

② ── **売買代金**　　　　　請求事件
③ ── **当事者の表示**　　　別紙当事者目録記載のとおり
④ ── **請求の趣旨及び原因**　別紙請求の趣旨及び原因記載のとおり

① ──「債務者　　は、　　　　債権者に対し、請求の趣旨記載の金額を支払え」
　　　との支払督促を求める。

⑦ ──
申立手続費用	金	5,000	円
内　訳			
申立手数料（印紙）		2,000	円
支払督促正本送達費用（郵便切手）		1,080	円
支払督促発付通知費用		120	円
申立書作成及び提出費用		800	円
資格証明手数料		1,000	円

⑦ ── 平成 ○○ 年　○ 月　○ 日

　　住　　所：〒000－0000
　（所在地）**東京都○○区○○１丁目１番１号**
　　債権者氏名：**甲山商事　株式会社**
⑤ ──（名称及び代表者の資格・氏名）**代表者代表取締役　甲山太郎**
　　　　　　　　　　　　　　　　　　　　　　　　　　　　　印

　　（電　話：03－0000－0000　　　）
　　（FAX：03－0000－0000　　　）

　　東京　簡易裁判所　裁判所書記官　殿

⑦ ──
価額	400,000	円
貼用印紙	2,000	円
郵便切手	1,200	円
葉書	1	枚

⑥ ── 添付書類　☑資格証明書　　　　１　通
　　　　　　　　□　　　　　　　　　　通
　　　　　　　　□　　　　　　　　　　通

受付印

貼用印紙	円
葉書	枚
郵便切手	円

第3章　支払督促の手続と申立書の書き方

記載します。また、法人などが申し立てる場合には、法人名などを記載したうえで、代表者の資格（代表取締役など）と氏名を記載します。

⑥　添付書類の記載

戸籍謄抄本や法人の登記事項証明書といった代理権や代表権を証明する書類など、添付した書類名を記載します。

⑦　その他

申立年月日、費用、印紙・切手の額などを記載します。特に費用については裁判所によって異なることがあるので、申立書を提出する裁判所の受付で確認をしましょう。

当事者の記載の注意点

当事者目録には相手方の住所・氏名などを記載します。支払督促の手続では債務者が裁判所書記官の目の前にいるわけではないため、債務者が誰かを正確に特定する必要があります。特定は、申立書と当事者目録をもとに行われます。

債務者が個人の場合には、書面に記載された氏名と住所を確認することになります。住所は債務者の生活の本拠となる場所のことで、一般的には住民票に記載されている場所です。ただ、住民票上の住所と実際に住んでいる場所が違う場合には、実際に住んでいる場所を住所として記載した上で住民票上の住所をカッコ書きで添えるとよいでしょう。相手方が法人の場合は、通称ではなく、法人の正式な名称を記載するようにします。特に登記事項証明書に記載されている名称と通称が異なる場合には、注意が必要です。たとえば、「○○株式会社」を「株式会社○○」と記載してはいけません。また、法人の事務所の所在地についても正確に記入するようにします。代表者についても、正確な氏名を記載するように注意しましょう。こうした事柄は、できるだけ最近入手した法人の登記事項証明書で事前に確認しておくことで確かなものとすることができます。

支払督促の送達は申立書に記載された氏名や住所地をもとにしますから、間違いのないように気をつけなければなりません。

■ **当事者目録** ･･･

<table>
<tr><td colspan="2" align="center">当事者目録</td></tr>
<tr><td rowspan="2">債権者</td><td>住　　所：〒000-0000
（所在地）　東京都○○区○○１丁目１番１号

氏　　名：甲山太郎
（名称及び代表者の
資格・氏名）

　電話：03-0000-0000
　FAX：03-0000-0000</td></tr>
<tr><td>送達場所等の届出

　　債権者に対する書類の送達は次の場所に宛ててください。
□上記の債権者住所
☑債権者の勤務先
　名　　称：乙川産業　株式会社
　所在地：〒000-0000
　　　　　東京都○○区○○２丁目２番２号
　電話：　03-0000-0000
　ＦＡＸ：03-0000-0000
□その他の場所（債権者との関係：　　　　　　　　　　）
　住所：〒

　電話：
　ＦＡＸ：
　送達受取人：</td></tr>
<tr><td>債務者</td><td>①住　　所：〒000-0000
（所在地）　東京都○○区○○３丁目３番３号

氏　　名：丙村五郎
（名称及び代表者の
資格・氏名）

　電話：03-0000-0000
　FAX：03-0000-0000

②住　　所：〒
（所在地）

氏　　名：
（名称及び代表者の
資格・氏名）

　電話：
　FAX：</td></tr>
</table>

第３章　支払督促の手続と申立書の書き方

5 代理人を立てるような場合にはどうすればよいか

訴訟代理人は弁護士と一定の司法書士に限られる

代理人が必要な場合もある

　支払督促の申立てを行う場合には、代理人に書類の作成や提出を依頼することもできます。そのほか自分で作成した書類を使者（次ページ）に提出してもらったり、郵送で提出することもできます。

　また、法人が支払督促の申立てを行う場合には、支配人（法人に代わって営業などを行う法人の使用人）を代理人とすることもできます。支配人が代理人として申立てを行うことができる場合は、法人の本店や支店で支配人を選任して登記している場合です。このように、法人が支配人を支払督促の申立ての代理人として立てることができるのは、支配人には営業に関する一切の裁判上の行為や裁判外の行為を行う権限があるからです。

　支払督促を受けた相手方が異議申立てを行った結果、通常の訴訟手続に移行した場合には、自分で対応するのが難しいときは代理人を立てる必要があります。訴訟における代理人を訴訟代理人といいます。訴訟は通常の法律行為と比べて複雑なものです。その複雑な訴訟を担当する訴訟代理人は、原則として弁護士または簡裁訴訟代理権をもつ司法書士（ただし、請求額の元本が140万円を超えない範囲内の簡易裁判所における訴訟に限る）でなければなりません。例外として、簡易裁判所では弁護士や上記のような司法書士以外の者が代理人となることが認められていますが、弁護士や上記の司法書士以外の者を代理人として立てる場合には裁判所の許可を得なければなりません。

法定代理人に申立てをしてもらう場合

　支払督促を行う債権者が未成年者の場合には、法定代理人（単独で取引を行う能力がない者に代わって法律行為を行う者。法律の規定によりつけられる代理人）が本人に代わって申し立てる必要があります。

　代理人が手続するときには代理権を持っていることを証明する書類を添

付する必要がありますが、法定代理人の場合も同様です。法定代理人であることを証明する書類としては、戸籍謄抄本や資格証明書などがあります。支払督促を行う債権者が成年被後見人の場合も、代理人が必要となります。成年被後見人は、高齢や精神的な障害が原因で物事の是非弁別の判断ができないため、契約などを一人で行うことはできません。したがって、法定代理人である成年後見人が代理人として支払督促の申立てを行います。成年後見人が申立てを行う場合には、支払督促を行う成年後見人が代理権を持っていることを証明する書類を提出する必要があります。法定代理人以外で、債権者が弁護士または簡裁訴訟代理権をもつ司法書士以外の代理人に申立てをしてもらう場合には、裁判所の許可を得る必要があります。裁判所の許可を得るには、代理人許可申請書に必要事項を記載した上で、裁判所に提出します。実際には、代理人の許可が認められることは少ないようです。

使者によって申立てをする

使者と代理人は役割が似ているように見えますが、使者には代理権がありません。本人に代わって自ら意思表示を行う代理人とは異なって、使者は本人が表明した意思表示を単に伝達するだけです。本人が表明した意思表示を伝える際に、自ら意思表示を加えることはありません。使者には代理権はないのです。したがって、支払督促の申立てを行うときに使者ができるのは、本人が作成した申立書を簡易裁判所に提出することだけです。申立書の作成自体には使者は関与しないのです。この場合、使者の名において申立てをするのではなく、本人の名において申立てを行うことになります。

6 請求の趣旨とは何か

主たる請求・付帯請求・申立手続費用について記載する

申立ては書面で行う

　民事訴訟法によると、支払督促の申立ては口頭でもよいとされていますが、今日の実務では、申立書を作成して提出するのが一般的です。申立書は自分で用意したＡ４用紙に必要事項を記載して提出する方法でもよいのですが、その場合は書き漏れがないように注意する必要があります。最も間違いのない方法は、簡易裁判所に備え置いている書式を利用することです。裁判所まで取りにいくのが面倒であれば、（http://www.courts.go.jp/）からダウンロードできます（書き方の見本もダウンロードできます）。

　申立書には、「請求の趣旨及び原因」を記載する必要があります。「請求の趣旨」は、「主たる請求」「付帯請求」「申立手続費用」という３つの内容から成り立っていますが、ここでは、冒頭の「主たる請求」について説明していきます。残りの２つについては、56、58ページ以降でそれぞれ説明します。なお、「請求の原因」については、60ページを参照してください。

　「主たる請求」とは、請求する金額のことをいいます。別紙の書式「請求の趣旨及び原因」の中の「請求の趣旨」の１に「金400,000円」と記載されている箇所を指します。

　請求金額は明確に書く必要があります。たとえば、「400,000円」というように端的に表示します。「金400,000円から410,000円の範囲内」「金おおよそ400,000円」といったような曖昧な記載は認められません。

記載方法は定型化している

　表題部には、「請求の趣旨及び原因」の右横に「別紙請求の趣旨及び原因記載の通り」と書いて、その下に次の文章を入れていきます。

　「債務者は、債権者に対し、請求の趣旨記載の金額を支払え」との支払督促を求める」

ただし、この箇所はすでに書式の中で印字されているので、改めて記載するまでもないでしょう。なお、債務者が複数の場合で連帯債務の場合は、「債務者は」の箇所を「債務者らは連帯して」と変えて記載します。

また、主たる債務者と保証人に請求する場合（実務上はかなり多いケースです）は、「債務者は」の箇所を「債務者らは、各自債権者に対し」などと変えて記載することになります。

■ 請求の趣旨及び原因 ……………………………………………………

請求の趣旨及び原因

請求の趣旨

1　金　　　　　400,000 円
2　（☑上記金額、□上記金額の内金　　　　　　円）に対する
　　（□支払督促送達日の翌日、☑平成　○○年　○月　○日）
　　から完済まで、年　○　％の割合による遅延損害金

3　金　　　　　5,150 円（申立手続費用）

請求の原因

1　（1）契約日　　平成 ○○ 年 ○月 ○日

　　（2）契約の内容　債務者乙川次郎は、債権者から購入した下記商品の代金を支払う。支払方法は、契約にあたり100,000円を、商品引渡後10日以内に残代金を支払う。
　　　　　　　　　　（商品）パソコン2台

　　（3）連帯保証人　　なし

2

代　金	支払済みの額	残　額
500,000円	100,000円 （最後に支払った日 平成○○年○月○日）	400,000円

第3章　支払督促の手続と申立書の書き方

7 付帯請求の書き方はどうしたらよいのか
起算日と利率を明確に記載する

付帯請求とは

「請求の趣旨」の内容は3つに分かれていますが、ここではその中の一つ「付帯請求」について説明します。付帯請求とは、おもに完済までの遅延損害金（返済期限までに支払わなかった場合に課されるペナルティのこと）の請求のことです。「主たる請求」は請求している金額のことですが、これに「付帯」して発生する債権が遅延損害金なので、「付帯請求」という言い方をしています。

付帯請求の書き方の基本

書き方は、次のように定型化されています。

> （□上記金額、□上記金額の内金　　　円）に対する（□支払督促送達日の翌日、□平成　年　月　日）から完済まで、年　％の割合による遅延損害金。

このように、起算日（いつから請求するのか）と利率（年何％か）を明確に記載します。なお、起算日については、支払督促の申立てまでに起算日が明確になっていないような場合には、□支払督促送達日の翌日の□欄に「✓」をつけます。

また、主たる請求の一部（たとえば内金）にのみ遅延損害金などが発生する場合があります。その場合は、□上記金額の内金の□欄に「✓」を付し、内金額を記載します。

利息と遅延損害金について

利息と遅延損害金を混同して理解している人がまれにいますので、ここで両者の違いを述べておきます。たとえば、平成20年4月1日から4月30

日まで年利（1年間の利率）18％で、元本50万円の消費貸借契約を結んだとします。この場合は、年利18％が利息になり、4月1日から4月30日の間まで発生する金銭を指すことになります。これに対して、遅延損害金というのは、返済期限の4月30日を経過したときに発生する損害賠償金をいいます。

なお、利息制限法によって利息と遅延損害金には、以下の上限が定められています。

元本10万円未満　年20％まで
元本10万円以上100万円未満　年18％まで
元本100万円以上　年15％まで

遅延損害金は、以上の上限利率に1.46倍を掛けた率が上限になります。これを上記例にあてはめると、元本50万円の年利は上限18％なので問題ありません。ちなみに、この18％に1.46倍を掛けると26.28ですから、遅延損害金の上限は元本の26.28％まで請求できるということになります。

ただし、改正貸金業法の施行（平成22年6月18日施行）により、貸金業者が請求できる遅延損害金の上限は年20％となりました。

なお、以上の上限を超えて債務者が弁済した場合には、元本の返済に充てられたものとみなされます。

■ 利息と遅延損害金の違い

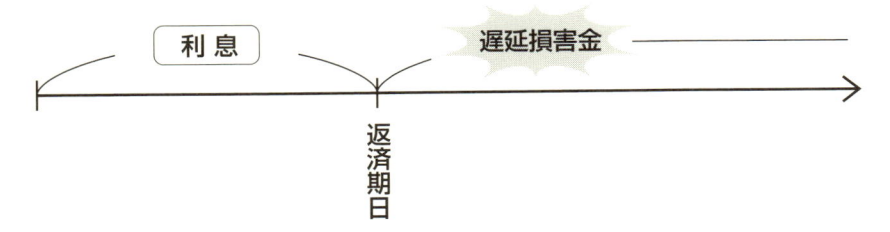

利息 ｜ 遅延損害金
返済期日

8 申立て手続費用はどれぐらいか

申立手数料・正本送達費用・通知費用などがかかる

申立て手続費用を誰が負担するか

支払督促を申し立てるには、申立手続費用を納めなければなりませんが、かかった費用は、最終的には相手方である債務者に負担させることができます。費用の内訳ですが、①申立手数料、②支払督促正本送達費用、③支払督促発付通知費用、④申立書作成及び提出費用、⑤資格証明書手数料、に分けられます。以下、それぞれについて説明をしていきましょう。

① 申立手数料（印紙）

収入印紙を申立書に添付して納めます。その額は、訴訟の場合の半額とされていますが、具体的には、請求金額が10万円以下の場合の500円からはじまり、請求金額が10万円を超えるごとに500円が加算されていきます（次ページ図参照）。ただし、100万円を超えると、20万円を超えるごとに500円が加算されていきます。以後、請求金額が増えると、その分加算額も変わってきます。

② 支払督促正本送達費用

これは裁判所から債務者に支払督促正本を送達（郵送）する際にかかる費用のことです。ただし、この場合の郵送方法は特別送達といって、通常の郵送方法より高額になります。債務者1人につき1000円程度です。

③ 支払督促発付通知費用

これは裁判所から債務者に支払督促正本の送達と同時もしくはその後に債権者に対して発付される通知にかかる費用です。つまり、「支払督促正本を債務者に送りましたよ」と裁判所から債権者に対するお知らせにかかる費用のことです。この通知は②と異なり、普通郵便で送られるので少額です。

④ 申立書作成及び提出費用

これも債務者に負担してもらう費用として計上しますが、だいたい1000円前後です。

⑤ 資格証明書手数料

　資格証明書とは、法人の登記事項証明書や法定代理人が申し立てる場合の戸籍謄抄本などのことです。たとえば、債権者や債務者が法人の場合であれば、法人の実在性を証明するために登記事項証明書を申立書に添付しなければなりません。その際に登記所から取り寄せた費用（通常1通1000円程度）も申立手続費用に計上できます。

　なお、弁護士や司法書士に委任した場合にかかる費用については、申立手続費用に含めることはできません。

■ 支払督促の手数料一覧

訴額（万円）	手数料（円）	訴額（万円）	手数料（円）
0～10	500	～200	7500
～20	1000	～220	8000
～30	1500	～240	8500
～40	2000	～260	9000
～50	2500	～280	9500
～60	3000	～300	10000
～70	3500	～320	10500
～80	4000	～340	11000
～90	4500	以下、訴額500万円まで、20万円ごとに手数料500円が加算される。その後、訴額1000万円まで、50万円ごとに手数料1000円が加算される。訴額10億円まで、100万円ごとに手数料1500円が加算される。	
～100	5000		
～120	5500		
～140	6000		
～160	6500		
～180	7000		

9 請求の原因の記載をする際の問題点とは

請求の理由と具体的な事実を記載する

請求の原因の書き方

　前述したように、「請求の趣旨」には、「債務者は、債権者に対し、金50万円を支払え」などと書きます。これに対して、「請求の原因」とは、なぜ債権者は50万円を支払えと主張しているのか、という請求の理由と具体的事実を記載した箇所ということができます。

　つまり、単に「50万円支払え」と記載するだけでは、それが貸金なのか、売買代金の未払金なのか、または、それらとは全く別の契約関係に基づいて発生した債権債務関係なのか、相手にも裁判所にもよくわかりません。

　そこで、債権者には50万円を請求する理由を事実とともに「請求の原因」として記載する必要があるのです。

　ここでは、売掛金の場合の具体的な記載方法を紹介しておきます。

1　（1）契約日　平成20年4月1日
　（2）契約の内容　債務者乙川次郎は、債権者甲野太郎から購入した下記商品の代金について、毎月末日に、前月分を支払う。

　　　（商品）　A機器

2　債権者は、債務者乙川次郎に対し、上記商品を引き渡した。

3

代　　金	支払済みの額	残　　額
500,000円	0円	500,000円

10 債務者へ送達される

特別送達という発送方式がとられる

支払督促は送達という方式で送付される

　債権者が支払督促を申し立てると、裁判所書記官がその内容を審査し、形式上問題がないと判断すると債務者に支払督促（正本）が送達されます（なお、債権者には送達されずに、「通知」がなされるだけです）。送達方法は特別送達という発送方式がとられています。

　「特別送達」とは、郵便配達員が債務者の送達場所に正本を持参して、本人や家族に直接受け取ってもらう発送方式のことです。仮に債務者が留守で、他に誰も受け取る者がいなければ、郵便配達員は不在者票をポストなどに投函することになります。その場合、債務者は不在者票を持参して指定された期限までに郵便局にとりにいくことになります。期限までに取りに行かなかったり、受け取りを拒絶した場合は、送り主（裁判所）に返還されてしまいます。

　支払督促（正本）が裁判所に返還されてしまうと支払督促の手続は終了することになります。しかし、これでは債務者が留守を装ってさえいれば支払督促から逃れることを結果的に認めてしまうことになってしまって不合理です。そこで、このような債務者の逃げ道を防ぐ方法として、付郵便送達があります。付郵便送達とは、送達場所に書留郵便によって送達する発送方式です。この方式を利用することによって、実際に債務者が支払督促正本を受領したかどうかに関わらず、法律上送達されたとみなすことができます。ただし、送達場所がそもそも誤っていたり、債務者が引っ越して空き家になっているような場合には、付郵便送達の方法によっても送達されたとはみなされません。

　ただし、通常、付郵便送達を行ってもらうためには、債権者が債務者の住所に行って写真を撮ったり、近隣住民からの聴き取りを行うなどして、債務者が実際にその住所に住んでいることを調査して、付郵便送達上申書を提出する必要があります。

送達場所が誤っていたときは

　債権者のミスで債務者の送達場所の表示が誤っていたり、債務者が引っ越していたなどの事情で、債務者に送達されなかった場合はどうなるのでしょうか。この場合、支払督促（正本）はいったん裁判所に返還され、債権者には送達不能の通知が送られることになります。債権者としては、通知を受け取ってから2か月以内に新たな送達場所を指定して申し立てなければなりません。申立てをしないと、支払督促を取り下げたものとみなされてしまいます。

相手の住所・居所がわからないと支払督促は使えない

　民事訴訟の場合だと、相手の住所や居場所がわからない場合でも公示送達という方法を利用することによって、相手に訴状が到達したものとみなすことができる場合があります。これは、債権者の方から公示送達の申立てをして裁判所が許可すれば、裁判所の掲示板や官報に2週間送達の事実が公告され、期間経過後に自動的に送達されたとみなすことができる制度です。

■ 公示送達申立書（仮執行宣言付支払督促の場合）

```
                    公示送達申立書
                                          平成○○年○月○日
 ○○簡易裁判所　御中
                                       債権者　甲山太郎　㊞
                                       債権者　甲山太郎
                                       債務者　乙川次郎

　上記当事者間の平成○○年（ロ）第○○○○号支払督促申立事件について、債
務者の住所、居所、その他送達をなすべき場所が知れないため、通常の手続きに
従い仮執行宣言付支払督促正本を債務者に送達することができないので、公示送
達によって送達されたく申し立てます。

添付書類
 1　住民票写し　　　　　　1通
 2　不在証明書　　　　　　1通
 3　所在場所等調査報告書　1通
```

しかし、支払督促では、公示送達の制度は認められていません。その結果、相手の住所や居所が不明だと支払督促は使えませんので注意してください（ただし、仮執行宣言付支払督促正本の場合は、公示送達を利用することができます。詳しいことは69ページを参照）。

■ 支払督促正本書

```
平成○○年（ロ）　第○○○○号
            支　払　督　促
当事者の表示、請求の趣旨・原因は、別紙記載のとおり。
債務者は、請求の趣旨記載の金額を債権者に支払え。
債務者がこの支払督促送達の日から2週間以内に督促異議を申し立てない
ときは、債権者の申立てによって仮執行の宣言をする。
        平成○○年○月○日
                ○○簡易裁判所
                    裁判所書記官　　○○○○

            上記は正本である。
                同　日　同　庁
                    裁判所書記官　　○○○○　㊞
```

■ 支払督促発付の通知書（債権者への通知）

```
                通　知　書

債権者　甲山太郎　殿
　平成○○年（ロ）第○○○○号支払督促申立事件について、平成○○年
○月○日債務者乙川次郎に対し、支払督促を発付したので通知します。
　平成○○年○月○日




                        ○○簡易裁判所
                            裁判所書記官　　○○○○　㊞
```

■ 支払督促不到達の通知

平成○○年（ロ）　第○○○○号

　　　　　　　　通 知 書

　債権者　甲山太郎　殿
　平成○○年（ロ）第○○○○号支払督促申立事件について、債務者に対して支払督促正本を送達したところ、下記理由で送達できなかったので、通知します。本通知書受領後2か月以内に、債務者に対する送達可能な住所等を書面で届け出てください。届け出がない場合は、民事訴訟法388条3項により、本件支払督促事件は取り下げたものとみなされ、事件は終了したことになりますので注意してください。
　　　　　　　　　　　　　　記
☑ 転居先不明
☐ あて所に尋ねあたらず
☐

　平成○○年○月○日
　　　　　　　○○簡易裁判所
　　　　　　　　裁判所書記官　○○○○　　㊞

■ 送達場所の届出

平成○○年（ロ）　第○○○○号

　　　　　　送達場所の届出
　　　　　　　　　　　　　　　平成○○年○月○日
○○簡易裁判所・御中
　　　　　　　　　　　債権者　甲山太郎　㊞

　　　　　　　　　　　債権者　甲山太郎
　　　　　　　　　　　債務者　乙川次郎

　上記当事者間の支払督促申立事件について、債務者に対する送達場所を、次のとおり届け出ます。
　　　　　　　　　　　　　　記
債務者に対する送達場所
　（債務者の新住所）
　　　　　○○県○○市○○1丁目1番1号
添付書類　　1　住民票写し　1通
添付郵券　　1,040円

11 督促手続オンラインシステムについて知っておこう

インターネットを使って支払督促の申立てができる

督促手続オンラインシステムとは

　督促手続オンラインシステムとは、債権者が事務所や自宅からインターネットを使って、管轄裁判所に支払督促の申立てなどができるシステムのことです。このシステムを利用すれば、支払督促などの申立てだけでなく、インターネットバンキング経由で手数料なども納めることができます。また、申し立てた支払督促事件の進行状況についても、インターネットで確認することができます。

　支払督促は、債務者の住所地（法人の場合は、事務所の所在地）を管轄する簡易裁判所に申し立てる必要があります。ですから、たとえば、東京在住の債権者が大阪に住んでいる債務者に対して支払督促を申し立てるには、大阪の管轄裁判所まで赴くか、大阪の管轄裁判所に支払督促申立書を郵送するかしなければなりません。しかし、オンラインシステムを利用す

■ オンラインシステムの利用地域

2010年8月現在、利用できる地域	・東京高等裁判所の管轄内（東京都、神奈川県、埼玉県、千葉県、茨城県、栃木県、群馬県、山梨県、静岡県、長野県、新潟県） ・大阪高等裁判所の管轄内（大阪府、兵庫県、京都府、滋賀県、奈良県、和歌山県） ・名古屋高等裁判所の管轄内（愛知県、岐阜県、三重県、石川県、富山県、福井県） ・広島高等裁判所の管轄内（広島県、山口県、岡山県、島根県、鳥取県） ・福岡高等裁判所の管轄内（福岡県、佐賀県、熊本県、長崎県、大分県、宮崎県、鹿児島県、沖縄県）
2010年11月以降に利用が可能になる地域（予定）	・仙台高等裁判所の管轄内（宮城県、福島県、山形県、秋田県、岩手県、青森県） ・札幌高等裁判所の管轄内（北海道） ・高松高等裁判所の管轄内（香川県、徳島県、愛媛県、高知県）

第3章　支払督促の手続と申立書の書き方

れば、債権者は自宅や会社に居ながら申立手続を進めていくことができるようになるのです。2010年8月現在、オンラインシステムが利用できる地域は前ページの図のとおりです。また、2010年11月からは、全国で利用が可能になる予定です。

📄 オンラインシステムを利用する際の事前準備

オンラインシステムを利用するには、ご自身のパソコンが必要な動作環境を満たしているかどうかを確認しておく必要があります。動作環境というのは、たとえば、OSはWindowsであればWindows XP以降のバージョンでなくてはならない（Windows 2000による新規債権者登録は平成22年7月13日で終了）など、パソコンが正常に動作するのに必要な条件を指します。次に、債権者情報の登録を行う必要がありますが、その前に電子証明書を取得しておく必要があります。詳しい内容については、以下に挙げたアドレスのホームページを参照してください。

http：//www.tokuon.courts.go.jp

オンラインシステムが利用できる手続は、支払督促の申立てだけに限りません。他にも、仮執行宣言の申立て、更正処分の申立て、再送達上申、送達証明書等交付申請が認められています。

また、申立類型は、貸金、立替金、求償金、売買代金、通信料、リース料の6種類とこれらの複合型です。

■ 督促手続オンラインシステムのしくみ

```
┌─────────────────────────────┐
│ 債権者登録を行う            │
├─────────────────────────────┤
│ ・会社や住所などの情報を事前に│
│  裁判所のコンピュータに登録する│
└─────────────────────────────┘
              ↓
┌─────────────────────────────┐
│ 支払督促の発付              │
├─────────────────────────────┤
│ ・コンピュータ処理による迅速な手続│
│ ・手続の進行状況を調べることができる│
└─────────────────────────────┘
```

12 仮執行宣言を取得してはじめて意味がある

支払督促の申立てとは別に仮執行宣言の申立てを行う

📄 仮執行宣言がつけられると効力が異なる

　債権者の「金50万円を支払え」という内容の支払督促の申立てに対して、債務者が素直に50万円を支払えば事件は終了します。ところが、債務者が支払おうとせず放置していた場合に、債権者が期限経過前に、債務者の財産を差し押さえて強制執行できるのかといえば、それはNOです。強制執行をかけるには、支払督促とは別に仮執行宣言の申立てをしなければならないからです。

　支払督促は、裁判所書記官が債権者が提出した書面の記載だけを形式的に審査して債務者に金銭の支払いを命じる手続です。しかし、債務者としても何か言いたいことがあるはずです。そこで民事訴訟法では、債務者に不服があれば、支払督促を受け取った日から2週間以内に異議を申し立てることができるとしています。

　債務者が異議を申し立てると、通常の民事訴訟に手続が移行します。つまり、異議申立後に公開の法廷で債権者と債務者が顔をつき合わせて債権債務の存在について激しくやりあうことになります。

　その訴訟で、債権者が勝訴判決を得れば、執行文の付与を受けて債務者に強制執行（238ページ）することができます。

　強制執行は、執行力に基づいて行われるものです。執行力とは、債務者が支払いなどをしない場合に、裁判所の強制力により支払わせることをいいます。この執行力は、通常の訴訟の場合だけでなく、支払督促の場合でも発生します。これを仮執行宣言といいます。この手続によって、債権者は支払督促を申し立てた後、2か月以内には強制執行手続によって金銭の回収を図ることが可能になります。仮執行宣言がついた後は、債務者から異議申立てがなされても、それだけで強制執行が止められることはありません。債務者が強制執行を止めるには、別途その旨の手続が必要になります。ただ、仮執行宣言前に適法な異議の申立てがあれば強制執行を止める

ことができます。

📄 仮執行宣言の申立てができる期間

　仮執行宣言は、何もしないままつけられるわけではありません。仮執行宣言を取得するには、支払督促の申立てとは別に新たな申立てをしなければいけません。ところで、債務者は支払督促の送達を受け取った日から2週間以内に異議を申し立てることができます。

　つまり、たとえば、7月1日に支払督促正本が送達されたとすると、7月15日までに異議申し立てが認められるということになります。この期間内に債務者が異議を申し立てなかった場合、2週間を経過した日の翌日（7月16日）から30日以内に債権者は仮執行宣言の申立てをしなければなりません。ですから、8月15日までに申し立てる必要があるということになります。

　なお、30日以内に申立てをしないと支払督促は失効してしまうので注意してください。

　仮執行宣言の申立ては、支払督促の申立てをした裁判所に書面を提出する必要があります。書式についても、支払督促申立書と似ており、それほど難しくはありません。内容としては、仮執行宣言を求める旨や手数料などを記載します。申立てが認められると、仮執行宣言付支払督促の正本が債権者と債務者の双方に送達されます。

📄 仮執行宣言の申立てが却下された場合

　仮に、書類上の不備などが理由で仮執行宣言の申立てが却下された場合は、裁判所からその旨が債権者に告知されることになっています。

　告知を受けた債権者が却下されたことについて納得がいかないときは、却下の告知を受けた日から1週間内に申立先裁判所に異議の申立てをしなければなりません。この異議申立てについてなされた裁判で、債権者の異議申立てに理由がないと判断された場合には、さらに「即時抗告」という方法によって争うことができます。

仮執行宣言付支払督促正本には公示送達が認められる

62ページで、債務者の住所・居所がわからないと支払督促では公示送達の方法を利用することができないと書きました。

しかし、仮執行宣言付支払督促正本の送達の場合は、公示送達を利用することが認められています。支払督促というのは、裁判所が債務者の言い分を全く聞かずに債権者の書面上の申立てだけで金銭の支払いを認めてしまう制度です。ですから、もし公示送達を認めてしまうと債務者に全く反論の場を与えないままに債権者の言い分だけを根拠に請求を認めてしまい、債務者に酷です。

ところが、仮執行宣言付支払督促正本の場合には、その前提として支払督促正本がすでに債務者に送達されているという事情があります。つまり債務者に対しても不意打ちとならないことから公示送達を認めてもそれほど酷ではありません。

■ 仮執行宣言付支払督促の送達から確定までの流れ

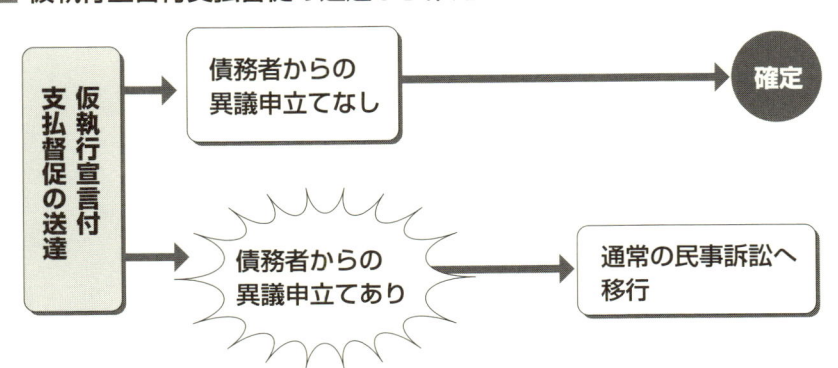

```
                    ┌─────────────┐
                    │ 債務者からの │ ────────→ 確定
                    │ 異議申立てなし │
┌──────────────┐    └─────────────┘
│ 仮執行宣言付 │
│ 支払督促の送達 │
└──────────────┘    ┌─────────────┐    ┌─────────────┐
                    │ 債務者からの │ ──→ │ 通常の民事訴訟へ │
                    │ 異議申立てあり │    │ 移行            │
                    └─────────────┘    └─────────────┘
```

■ 仮執行宣言の申立て

仮 執 行 宣 言 の 申 立 て

債権者　甲山太郎
債務者　乙川次郎

　上記当事者間の平成　○○　年(ロ)第　　　○○○○　号支払督促申立事件について，債務者は，平成　○○　年　　○月　　○日支払督促の送達を受けながら，法定期間内に督促異議の申立てをせず，また，

☑　債務の支払をしない。
☐　申立後に別紙のとおり支払があったので，別紙のとおり充当したが，残額の支払をしない。

　そこで，下記の金員1及び2につき仮執行宣言を求める。

記

1　☑　支払督促の請求の趣旨記載金額
　　☐　支払督促の請求の趣旨記載金額の内金　　　　　円及び金　　　　　円
　　　　に対する平成　　年　　月　　日から完済まで年　　％の割合による金員
　　　　並びに督促手続費用

2　仮執行宣言の手続費用　　　　　金　　**1,200**　円
　（内訳）
　　　仮執行宣言付支払督促正本送達費用　　金　　**1,200**　円

　　　　平成　○○　年　　○月　　○日

　　　　　　債権者　　　　　　　**甲山太郎**　　　　　　印

　　東京　簡易裁判所　裁判所書記官　殿

＊郵便切手	円	＊係印	＊受付印
＊葉書	枚		

13 異議申立てをすると通常の訴訟に移行する

督促異議が申し立てられると通常の民事訴訟が提起されたとみなされる

債務者に反論の機会を与える

　支払督促は債権者の書面による一方的な言い分を基に、裁判所が債務者に対して「金○○円を支払え」と催告していく制度です。ですから、債務者にも後日反論の機会を与えないと手続上不公平になってしまいます。そこで法は、債務者のために「異議の申立て」という手続を設けて、債務者にも反論する機会を提供しています。

　債務者は支払督促正本を受領後2週間内に、支払督促に同封されている「督促異議申立書」を提出して反論の機会を与えてもらうように手続をとることができます。つまり、この異議申立てによって、手続は通常の民事訴訟に移行していくことになります。

　また、債権者が仮執行宣言を申し立てた場合は、その申立て後仮執行宣言が出されてから債務者に仮執行宣言付支払督促が送達されます。その場合でも、債務者は受け取った日から2週間内であれば督促異議の申立てをすることができ、支払督促は通常の民事訴訟に移行します。

　ただし、仮執行宣言付支払督促に対して異議を申し立てても、別途執行停止の手続をとらなければ強制執行（仮執行）を止めることはできないという点に注意が必要です。

督促異議の申立て先は

　督促異議の申立て先は、支払督促を発付した裁判所書記官が所属する簡易裁判所です。督促異議が申し立てられると、通常の民事訴訟に手続が移行していきます。

　督促異議が申し立てられた時点で、通常の民事訴訟が提起されたとみなされます。支払督促の請求額の元本が140万円以下なら、債務者の住所地を管轄する簡易裁判所、140万円を超過する場合なら債務者の住所地を管轄する地方裁判所で審理が行われます。

通常の民事訴訟だと、訴えの提起は「訴状」を提出して行われます。しかし、支払督促の場合は、申立人である債権者がすでに請求のための必要事項を記載した申立書を提出済みなので、改めて訴状を提出する必要はありません。

　そこで、債権者としては、必要であれば、裁判所が事前に指定する第1回口頭弁論期日に「準備書面」を持参して提出することになります。「準備書面」とは、債権者の法律的な言い分を書いた書面のことです。債務者の方は、自分の言い分を書いた「答弁書」という書面を第1回口頭弁論期日に提出する必要があります（詳細は74ページ）。いずれにせよ、口頭弁論では裁判所が提出された書面を吟味しながら、債権者・債務者双方の言い分を聞いた上で主張の当否を判断していくことになります。

追加費用を納める

　債務者の異議申立てによって手続が民事訴訟に移行すると、債権者が「原告」、債務者が「被告」となって審理が進められていくことになります。そこで、債権者は訴訟にかかる手数料などの費用を改めて裁判所に納めなければなりません。支払督促の申立費用は訴訟の半額でよいということは58ページで説明しましたが、訴訟になれば残りの半分を追加費用として納めることになります。納付期限については、裁判所から債権者宛に通知される補正命令の中で指定されることになっています。指定された期限内に納付しないと支払督促の申立自体が却下されてしまうので注意してください。

■ 督促異議後の手続の流れ

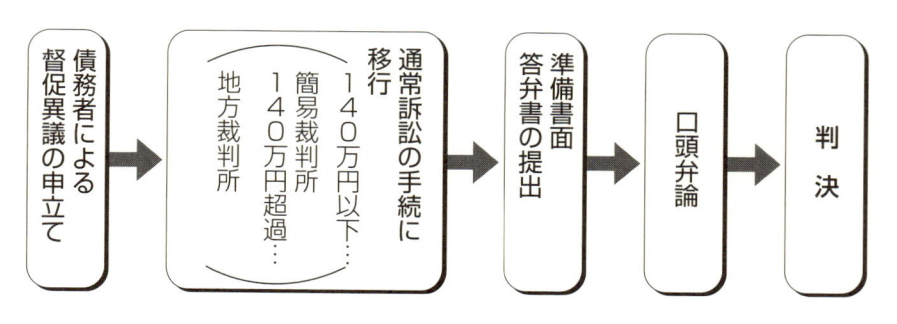

債務者による督促異議の申立て → 通常訴訟の手続に移行　140万円以下…簡易裁判所　140万円超過…地方裁判所 → 準備書面　答弁書の提出 → 口頭弁論 → 判決

■ 督促異議申立書

```
平成　　年（ロ）　　　号
```

督促異議申立書

上記番号督促事件について発せられた支払督促に対して、異議の申立をします。

作成日	平成　　年　　月　　日	この書面を書いた日です
債　権　者 (相手の名前です。当事者目録を見てそのとおりに書いてください。)		注　意 ① 債務者が会社のときの書き方の例 「○○株式会社代表取締役○○○○」
債　務　者 (あなたの氏名です。当事者目録を見てそのとおりに書いてください。)	㊞	② 債務者が複数いるとき(例えば、会社と代表者個人、同居している夫婦など)は、それぞれ個別に提出する必要があります。
あ な た の 住 所	（〒　　－　　　）	
電話　　　（　　） FAX　　　（　　）	携帯電話 　　　（　　）	

送達場所の届出（裁判所から送付する書類の受け取りを希望する場所）
今後、裁判所から私（当社）あてに送られる書類は、
□　上記の住所で受け取りたいので、同所あてに送達してください。
□　次の場所で受け取りたいので、次の場所あてに送達してください。
　　〒　　　　　　　　住所

　　電話　　　（　　　）　　　　ファックス　　（　　　）
　※　あて先が会社などの場合には会社名まで記載してください。
　　なお、この場所は債務者の□勤務先□事務所□その他（　居所　）であり、
　　受取人（封筒のあて名に記載する人）は□債務者本人□債務者会社代表者□
　　その他□（　　　　　）です。

□1　分割払いについて債権者との話し合いを希望します
　　　（毎月　　　　円くらいずつ）
□2　その他

○○簡易裁判所民事第○室　御中
※　この「督促異議申立書」を提出されると、後日あなたあてに「呼出状」が届き、その指定された日に裁判所へお出でいただくことになります。

裁判所使用欄
郵便切手　　　係印 　　　円添付

14 答弁書を提出する
訴えられた側が自己の言い分を主張する

答弁書で反論する

民事訴訟になれば、債権者は訴訟費用を納めるとともに、訴状に代わる「準備書面」を提出して自己の言い分を主張する必要があります。これに対して、債務者の方も自己の言い分を書いた準備書面を「答弁書」という形で提出しなければなりません。

請求の趣旨と請求の原因に対する答弁

民事訴訟手続に移行する以前に債務者が異議申立てを行うことができる場面は2つあります。1つは、債権者から支払督促の送達を受けてから2週間内に異議を申し立てた場面です。仮執行宣言の申立てがなされる前なので、督促異議を申し立てたことにより支払督促は失効しています。そのため、請求棄却の判決と訴訟費用の原告負担を求めることになります。

2つ目は、仮執行宣言が付された後に異議申立てがなされた場面です。この場合は、上記の請求棄却の判決と訴訟費用の原告負担に加えて仮執行宣言付支払督促の取消も求めることになります。なお、仮執行宣言後は異議を申し立てただけでは、仮執行宣言に基づく強制執行を止める効力はないので、別途「強制執行停止申立書」を提出して、その旨の裁判を起こさなければなりません（254ページ）。

請求の原因に対する答弁としては、原告が主張している事実を「認める」のか、「否認する」のか、「不知（知らないということ）」なのかを明確にして記載します。なお、否認する場合にはその理由を記載する必要があります。

第4章

商取引・契約をめぐるトラブル解決と書式

1 金銭消費貸借契約の公正証書の作り方

金銭の授受や返還約束など要件をしっかりおさえておく

契約内容をはっきりさせておくことが大切

　消費貸借契約とは、金銭その他の物を借り受け、後にこれと同種、同等、同量の物を返還する契約です。金銭の借り貸しの場合、金銭消費貸借契約と呼ばれます。法的には、貸主から受け取った金銭と同じ金額の金銭を借主が貸主に返還する契約です。金銭消費貸借契約を結ぶ場合には、借りた金額、返還期日、利息などについて明確に定めておくようにします。

公正証書作成時に気をつけること

　金銭消費貸借契約の公正証書を作成する場合には、契約の成立要件について明記した上で、利息や遅延損害金、期限の利益喪失約款についても記載しておくと、債務者に対して債務の履行を促す効果が高くなります。仮に債務不履行となった場合であっても、遅延損害金と期限の利益喪失約款についての記載がきちんとなされていれば、対応もしやすいでしょう。

① 　契約の成立要件

　消費貸借契約は、契約の当事者の一方が、同じ種類で同じ品質かつ同じ数量のものを相手方に返還することを約束した上で、相手方から品物や金銭などを受け取る契約です。金銭消費貸借契約の場合には受け取るものが金銭ですから、借主が貸主から受け取った金銭と同額の金銭を返還する、という内容の合意と、実際に金銭を交付することが必要です。

② 　利息について

　利息については、定めても定めなくても問題ありません。ただ、利息を定める場合には、利息制限法で定められた上限を超えないように定める必要があります。

③ 　遅延損害金について

　公正証書には、万が一、債務者である借主が約束した期日までに金銭を返還しなかった場合に支払う遅延損害金についても明記しておきます。遅

延損害金は、元本（実際に借主が貸主から借りた金額のこと）に対して一定の率を掛け合わせた金銭を借主の返済が遅れた期間に応じて支払うものです。具体的には利率を明記するようにしますが、これも利息と同様、利息制限法で上限が決まっています。

④ 期限の利益喪失約款について

借主が貸主に借金を返済する方法としては、一括で返済する方法と分割で返済する方法があります。これは個々の契約で異なりますが、分割で返済する旨を定めた場合、借主には定められた日までは返済をしなくてもよい、という利益が生じます。これを**期限の利益**と言います。

分割払いの契約を結んだ場合に借主が各期日に支払いを続けることができるのは、この期限の利益があるからです。ただ、金銭消費貸借契約を結ぶ際には、借主が分割払いの期日に支払いをしなかった場合にこの期限の利益を失わせる約款をつけるのが通常です。つまり、借主が分割払いの期日に返済しなかった場合、全残額の支払いを請求できることになります。

支払督促を検討する場合

支払督促による貸金請求でとくに注意しなければならないのが、利息と遅延損害金です。お金の貸し借りについては、利息制限法が、以下のように、貸主がつけてもよい利息の上限を定めています。

- 元本が10万円未満の場合は、年利20％まで
- 元本が10万円以上100万円未満の場合は、年利18％まで
- 元本が100万円以上の場合は、年利15％まで

利息制限法は、これらの制限に違反する部分（制限を超える部分）については無効である、としているので、利息制限法に定められた上限利率を超える利息を定めることはできません。

さらに、債務者が借りたお金を期限までに返せない場合には、利息に加えて遅延損害金を請求することもできます。遅延損害金の年率については、上記の利息についての制限の1.46倍まで有効とされています（ただし、貸金業者は年20％以下）。

書式1　金銭消費貸借契約公正証書

金銭消費貸借契約公正証書

　本公証人は、当事者の嘱託により、その法律行為に関する陳述の趣旨を録取し、この証書を作成する。

　貸主〇〇〇〇（以下、「甲」という）と借主××××（以下「乙」という）は、〇〇〇〇（以下「丙」という）を連帯保証人として、下記のとおり、金銭消費貸借契約を締結した。

第1条（本契約の目的）本契約においては、甲が乙に対し、金銭を貸与し、乙が期日までに、これに利息を付した金額を返還することを約する。

第2条（金銭消費貸借契約の内容）甲は、乙に対し、平成〇〇年〇月〇日、下記の内容において、金銭を貸与し、乙はこれを受領した。

　① 金　　額　　　　　金〇〇〇〇円也
　② 使用用途　　　　　〇〇〇〇
　③ 弁済期（終期）　　平成〇〇年〇月〇日
　④ 弁済方法　　　　　元利・元金均等返済方式
　⑤ 利　　息　　　　　年〇％の割合（年365日の日割計算）
　⑥ 利息の計算方法　　単利・残債方式
　⑦ 利息支払期間　　　貸付の当日から弁済の前日まで
　⑧ 賠償金　　　　　　年〇％の割合（年365日の日割計算）
　⑨ 賠償額の計算方法　約定期日に支払うべき元本×賠償年率×
　　（支払超過期日日数÷365）

2　前項第8号は、違約金、遅延損害金、その他の賠償金を示すものとする。

第3条（連帯保証）丙は、前条に基づき乙が甲に対して負担する一

切の債務を保証し、乙と連帯して履行の責に任ずる。
第4条（期限の利益喪失）乙が下記の一に該当した場合には、甲は、何らの催告をせず、乙において、当然に期限の利益を失わせ、乙および丙は、本件契約に基づき甲に対して負担する一切の債務を直ちに支払うこととする。

① 本件契約に基づく割賦弁済金の支払を3回以上、滞らせたとき
② 破産、民事再生、会社更生、特別清算の開始の申立があり、または第三者に申し立てられたとき
③ 手形、小切手に不渡りあるとき
④ 差押を受けたとき
⑤ 住所変更の届出を怠り、偽り、または、その所在が不明となったとき
⑥ その他、本件契約に基づく債権を保全する必要があると認められるとき

第5条（執行認諾約款）乙および丙は、本契約上の金銭債務を履行しないときは、直ちに強制執行に服するものとする。
第6条（公正証書の作成）甲および乙は、本契約の内容につき、公正証書を作成することに合意し、公正証書の作成にかかる費用については、甲乙は折半により負担するものとする。
第7条（合意管轄）甲乙丙は、本契約書における権利義務に紛争が生じた場合、甲の住所地を管轄する地方裁判所を第一審裁判所とすることに合意する。

以上

本旨外要件

住　所　　東京都○○区○○町○丁目○番○号
職　業　　会社員
貸　主　　○○○○　㊞
　　　　　昭和○○年○月○日生

上記の者は運転免許証を提出させてその人違いでないことを証明させた。

住　所　　〇〇県〇〇郡〇町〇丁目〇番〇号
　　職　業　　会社員
　　借　主　　××××　㊞
　　　　　　　昭和〇〇年〇月〇日生
　上記の者は印鑑証明書を提出させてその人違いでないことを証明させた。
　　住　所　　〇〇県〇〇市〇〇町〇丁目〇番〇号
　　職　業　　会社員
　　連帯保証人　△△△△　㊞
　　　　　　　昭和〇〇年〇月〇日生
　上記の者は印鑑証明書を提出させてその人違いでないことを証明させた。
　上記列席者に閲覧させたところ、各自その内容の正確なことを承認し、下記に署名・押印する。

　　　　　　　　　　　　　　　　　〇〇〇〇　㊞
　　　　　　　　　　　　　　　　　××××　㊞
　　　　　　　　　　　　　　　　　△△△△　㊞

　この証書は、平成〇〇年〇月〇日、本公証役場において作成し、下記に署名・押印する。

　　　　　　　　東京都〇〇区〇〇町〇丁目〇番〇号
　　　　　　　　東京法務局所属
　　　　　　　　公証人　　〇〇〇〇　㊞

　この正本は、平成〇〇年〇月〇日、貸主〇〇〇〇の請求により下記本職の役場において作成した。

　　　　　　　　東京法務局所属
　　　　　　　　公証人　　〇〇〇〇　㊞

書式2　貸金請求のための支払督促申立書

支払督促申立書

　　貸金　　　請求事件
当事者の表示　　　別紙当事者目録記載のとおり
請求の趣旨及び原因　別紙請求の趣旨及び原因記載のとおり

「債務者　　は、　　　　　債権者に対し、請求の趣旨記載の金額を支払え」
との支払督促を求める。

申立手続費用　　金　　　　　4,500　円
内　　訳
　　申立手数料（印紙）　　　　　　　2,500　円
　　支払督促正本送達費用（郵便切手）　1,080　円
　　支払督促発付通知費用　　　　　　　 120　円
　　申立書作成及び提出費用　　　　　　 800　円
　　資格証明手数料　　　　　　　　　　　　　円

平成○○年　　○月　　○日

住　　所：〒000-0000
（所在地）　東京都○○区○○1丁目1番1号
債権者氏名：**甲山太郎**
（名称及び代表者の
資格・氏名）

　　　　　　　　　　　　　　　　　　　　㊞

（電　話：03-0000-0000　　　　　）
（FAX：03-0000-0000　　　　　　 ）

東京　簡易裁判所　裁判所書記官　殿

価額　　　　　500,000　円
貼用印紙　　　　2,500　円
郵便切手　　　　1,200　円
葉書　　　　　　　　1　枚
添付書類　□資格証明書　　　　　通
　　　　　□　　　　　　　　　　通
　　　　　□　　　　　　　　　　通

受付印		
貼用印紙		円
葉書		枚
郵便切手		円

第4章　商取引・契約をめぐるトラブル解決と書式

当事者目録

<table>
<tr><td rowspan="2">債権者</td><td colspan="2">

住　　所：〒000-0000
（所在地）　東京都○○区○○１丁目１番１号

氏　　名：甲山太郎
(名称及び代表者の
資格・氏名)

電　話：03-0000-0000
FAX：03-0000-0000

</td></tr>
<tr><td>送達場所等の届出</td><td>

　債権者に対する書類の送達は次の場所に宛ててください。
☑上記の債権者住所
□債権者の勤務先
　名　称：
　所在地：〒

　電話：
　FAX：
□その他の場所（債権者との関係：　　　　　　　　　　）
　住所：〒

　電話：
　FAX：
　送達受取人：

</td></tr>
<tr><td>債務者</td><td colspan="2">

①住　　所：〒000-0000
　（所在地）　東京都○○区○○２丁目２番２号

　氏　　名：乙川次郎
(名称及び代表者の
資格・氏名)

　電　話：03-0000-0000
　FAX：03-0000-0000

②住　　所：〒
　（所在地）

　氏　　名：
(名称及び代表者の
資格・氏名)

　電　話：
　FAX：

</td></tr>
</table>

請求の趣旨及び原因

請求の趣旨

1　金　　　　　500,000 円
2　(☑上記金額、□上記金額の内金　　　　　　　円) に対する
　　(□支払督促送達日の翌日、☑平成 ○○ 年 ○月 ○日)
　　から完済まで、年　○ ％の割合による遅延損害金

3　金　　　　　4,500 円（申立手続費用）

請求の原因

1　(1) 契約日　　平成 ○○ 年 ○月 ○日

　　(2) 契約の内容　①債務者に対する金銭消費貸借契約
　　　　　　　　　　②遅延損害金　利率　○％

　　(3) 連帯保証人　なし

2

貸付金額	支払済みの額	残　額
500,000円	0円	500,000円

2 保証人に請求する

保証人には保証債務の弁済義務がある

債務者が弁済できないときに支払うことになる

　保証は、本来の債務（これを「主たる債務」と呼びます）が返済されない場合に、債権者が保証人に保証債務（主たる債務者に代わって返済する債務）を請求することで債権の回収を実現するものです。保証には普通の保証と、普通の保証よりも保証人の責任が重い連帯保証があります。

　保証をする場合には、債権者と保証人の間で契約を結ぶ必要があります（これを保証契約と呼びます）。保証契約は書面で締結する必要があります。

　保証契約は独立した契約ですが、あくまでも主たる債務の担保を目的としているので、主たる債務に従属するという特徴があります。

　まず、主たる債務が問題なく返済されれば、保証債務も目的が達成されたことになるので、消滅します。

　また、債権が譲渡されて主たる債務の債権者が変わった場合には、保証債務も主たる債務とともに移動し、新しい債権者に対して保証債務を負うことになります。

　さらに、あくまで主役は主たる債務なので、保証人は債権者から保証債

■ 連帯保証とは

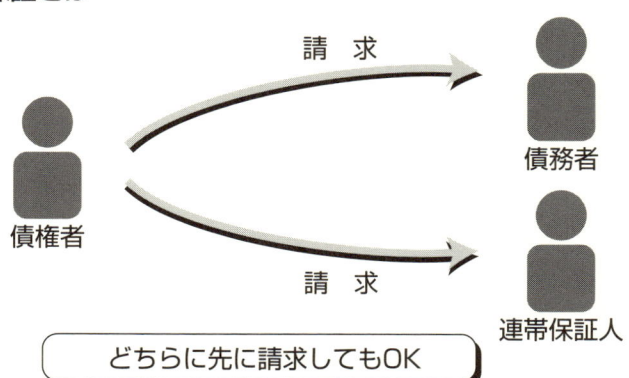

債権者 → 請求 → 債務者
債権者 → 請求 → 連帯保証人

どちらに先に請求してもOK

務の履行を請求された場合には、①「まずは主債務者に請求してください」(催告の抗弁)、②「主債務者には財産があるのだからそちらを先に執行してください」(検索の抗弁)と、2つの言い分を主張することが認められています。

保証人をつける場合には連帯保証人にする

保証には、普通の保証と連帯保証とがあります。いずれも債務者が債務を履行できない場合に、債務者に代わって保証人が債務を履行する責任がある、という点では同じですが、普通の保証人には、催告の抗弁権、検索の抗弁権があります。

また、普通の保証人が複数いたとしても、それらの保証人には、原則としてその頭数で割った分しか保証義務はありません(分別の利益)。これらの抗弁権や、分別の利益は、債権者にとっては意外に厄介なものです。そこで、実際にはほとんどの場合、こうした権利や利益を認めない連帯保証の形になっています。保証をしてもらう場合には、連帯保証にするのがよいでしょう。

つまり、保証人ではなく連帯保証人にすることで、債務者(主債務者)が債権を支払わない場合などに、債務者(主債務者)に請求することなく、いきなり連帯保証人に請求することができるのです。

■ 保証と連帯保証の違い

	保証	連帯保証
主債務が消滅した場合	保証債務も消滅する	連帯保証債務も消滅する
主債務の時効中断	保証債務の時効も中断する	連帯保証債務の時効も中断する
催告の抗弁権の有無	ある	ない
検索の抗弁権の有無	ある	ない
保証人に対する請求	主債務の時効は中断しない	主債務の時効も中断する
保証人の分別の利益	あり	なし(判例)

＊分別の利益とは、保証人が数人いる場合、各保証人は、債務額を平等に分割した額についてだけ、保証債務を負担することをいう。

書式3 連帯保証人に請求するための支払督促申立書

支払督促申立書

　　賃金　　請求事件
当事者の表示　　　別紙当事者目録記載のとおり
請求の趣旨及び原因　別紙請求の趣旨及び原因記載のとおり

　「債務者　　は、　　　　債権者に対し、請求の趣旨記載の金額を支払え」
との支払督促を求める。

申立手続費用	金	5,500	円
内　訳			
申立手数料（印紙）		2,500	円
支払督促正本送達費用（郵便切手）		1,080	円
支払督促発付通知費用		120	円
申立書作成及び提出費用		800	円
資格証明手数料		1,000	円

平成○○年　○月　○日

住　　所：〒000-0000
（所在地）東京都○○区○○1丁目1番1号
債権者氏名：株式会社　甲山商事
（名称及び代表者の資格・氏名）代表者代表取締役　甲山太郎

　（電　話：03-0000-0000　　　）
　（FAX：03-0000-0000　　　）

㊞

　東京　簡易裁判所　裁判所書記官　殿

価額	500,000	円	
貼用印紙	2,500	円	
郵便切手	1,200	円	
葉書	1	枚	
添付書類	☑資格証明書	1	通
	□		通
	□		通

受付印	
貼用印紙	円
葉書	枚
郵便切手	円

当事者目録

債権者		住　　所：〒000-0000 （所 在 地）　東京都○○区○○１丁目１番１号 氏　　名：株式会社　甲山商事 （名称及び代表者の 資格・氏名）　代表者代表取締役　甲山太郎 電　話：03-0000-0000 ＦＡＸ：03-0000-0000
	送達場所等の届出	債権者に対する書類の送達は次の場所に宛ててください。 ☑上記の債権者住所 □債権者の勤務先 　名　　称： 　所在地：〒 　電話： 　ＦＡＸ： □その他の場所（債権者との関係：　　　　　　　　　） 　住所：〒 　電話： 　ＦＡＸ： 　送達受取人：
債務者		①住　　所：〒000-0000 （所 在 地）　東京都○○区○○２丁目２番２号 氏　　名：乙川次郎 （名称及び代表者の 資格・氏名） 電　話：03-0000-0000 ＦＡＸ：03-0000-0000 ②住　　所：〒 （所 在 地） 氏　　名： （名称及び代表者の 資格・氏名） 電　話： ＦＡＸ：

第４章　商取引・契約をめぐるトラブル解決と書式

請求の趣旨及び原因

請求の趣旨

1 金　　　　500,000 円
2 (☑上記金額、□上記金額の内金　　　　　　円)に対する
　(□支払督促送達日の翌日、☑平成 ○○年 ○月 ○日)
　から完済まで、年 ○ ％の割合による遅延損害金

3 金　　　　　5,500 円（申立手続費用）

請求の原因

1　(1) 契約日　　　　　　平成 ○○年 ○月 ○日

　　(2) 契約の内容　　　　①債務者丙村五郎に対する金銭消費貸
　　　　　　　　　　　　　借契約と上記金銭消費貸借契約に対
　　　　　　　　　　　　　する乙川次郎との連帯保証契約
　　　　　　　　　　　　②利息　　利率　年○○％
　　　　　　　　　　　　③遅延損害金 利率 年○○％

　　(3) 連帯保証人　　　　被告　乙川次郎

2

貸付金額	利息の合計額	支払済みの額	残　額
○○○,○○○円	○○,○○○円	0円	500,000円 （内訳） 残元金○○○,○○○円 利息金　○○,○○○円

3　支払期限（平成 ○○年 ○月 ○日）の経過

3 準消費貸借契約公正証書の作り方

既存債務が法律的に無効なら成立しない

準消費貸借とはどのような契約なのか

　準消費貸借とは、簡単にいえば、支払ってもらえない代金を貸したことにしてしまう、つまり、もともとはお金の貸し借りではなかったものをお金の貸し借りをしたことにする、という契約です。

　準消費貸借契約は、小口の売掛金債権が何口もあるときに、これを一つにまとめたり、支払いの滞っている商品の代金を「借金」に切り換えたりする場合に、よく利用されます。

　準消費貸借は、債権を補強する意味合いで結ばれることもあります。たとえば、売買代金債権は、一般には2年の消滅時効（法律で定められた一定の期間が過ぎると権利が消滅すること）にかかってしまいますが、これを準消費貸借としておけば、時効期間を延長できます（一般の場合は10年、商行為なら5年）。また、切り換えの際に、それまでの利息分を元本に含める、新たな保証人や担保の提供を受ける、など、契約内容の見直しが行われることもあります。

公正証書の作成にあたって注意すること

　準消費貸借契約の公正証書を作成する際の注意点として、そもそもの既存の債権・債務を特定しておきます。たとえば売買契約を準消費貸借契約に切り換える場合、売買代金の支払債務が既存の債務ということになります。また、支払いを確実なものにするために、準消費貸借契約の公正証書には、強制執行認諾約款、期限の利益喪失特約を定めて置くようにします。

　なお、既存の債務を特定できたとしても、それが法律的に無効な債務（覚せい剤の売買代金支払債務など）の場合には、準消費貸借契約は有効に成立しません。

書式4　準消費貸借契約公正証書

準消費貸借契約公正証書

　本公証人は、当事者の嘱託により、その法律行為に関する陳述の趣旨を録取し、この証書を作成する。

　〇〇物産株式会社を甲、△△商事株式会社を乙、××金属株式会社を丙として、各当事者間において、乙の甲に対する〇〇〇〇の売掛金債務に関して、次のとおり準消費貸借契約を締結した。

第1条（本契約の締結目的）　本契約は、甲が乙に有する売掛金債権を通常の貸金債権に切り替えることを目的とする。

第2条（前条の債務の確認）　乙は甲に対し、前条における未払売掛金債務が存在することをここに確認する。

　　　　平成〇〇年〇月〇日現在
　　　　〇〇の継続的取引にもとづく未払売掛金債務金〇〇〇〇円

第3条（準消費貸借の合意）　甲および乙は、乙が負担する前条の売掛金債務を金銭消費貸借に切り替えることに合意する。

第4条（弁済の方法）　乙は、甲に対し、前条により発生した債務を以下のとおり分割して甲指定の銀行口座に送金して支払うこととする。なお、本条項は、乙が甲の住所地に持参して弁済を行なうことを妨げない。

　①　平成〇〇年〇月から平成〇〇年〇月まで毎月〇日限り金〇〇〇〇円宛
　②　平成〇〇年〇月〇日限り金〇〇〇〇円宛

第5条（利息）　利息は年〇〇分とし、毎月〇日限り当月分を支払うこととする。

第6条（遅延損害金）　期限後または期限の利益を失ったときは、以

後完済に至るまで、甲乙に対し、残元金に対する年○％の割合によbe遅延損害金を請求することができる。

第7条（連帯保証） 丙は、第3条により、乙が甲に対して負担する一切の債務につき、乙と連帯してこれを保証する。

第8条（期限の利益の喪失） 乙について次の事由の一つが生じた場合には、甲からの催告がなくとも、乙および丙は当然に期限の利益を失い、直ちに残額すべてを支払う。
① 債務の支払いを1回でも怠ったとき
② 他の債務につき仮差押、仮処分または強制執行を受けたとき
③ 営業停止、その他、行政処分を受けたとき
④ 公租公課の滞納処分を受けたとき
⑤ 破産、民事再生または会社更生手続開始の申立をし、または第三者に申し立てられたとき
⑥ 自己の振り出した手形・小切手が不渡りとなったとき

第9条（合意管轄） 本件に関し当事者間の権利義務に関して紛争が生じたときは、甲の住所地を管轄する地方裁判所を第一審の管轄裁判所とすることに各当事者は合意する。

第10条（協議） 本契約に定めのない事項に関しては、甲乙、双方が協議してこれを定める。丙は自己に不利益がおよぶと判断した場合には、異議を述べることができる。

以上

本旨外要件

　住　　所　　○○県○○市○○町○丁目○番○号
　貸　　主　　○○物産株式会社
　上記代表取締役　　○○○○　㊞
　住　　所　　○○県○○市○○町○丁目○番○号
　職　　業　　会社員
　　　　　　　昭和○○年○月○日生

上記の者は印鑑証明書を提出させてその人違いでないことを証明させた。

　住　　所　　○○県○○市○○町○丁目○番○号

　　　　借　主　　△△商事株式会社
　　　　上記代表取締役　　△△△△　㊞
　　　　住　所　　○○県○○市○○町○丁目○番○号
　　　　職　業　　　会社員
　　　　　　　　昭和○○年○月○日生
　上記の者は印鑑証明書を提出させてその人違いでないことを証明させた。
　　　　住　所　　○○県○○市○○町○丁目○番○号
　　　　連帯保証人　　××金属株式会社
　　　　上記代表取締役　　××××　㊞
　　　　住　所　　○○県○○市○○町○丁目○番○号
　　　　職　業　　　会社員
　　　　　　　　昭和○○年○月○日生
　上記の者は印鑑証明書を提出させてその人違いでないことを証明させた。
　上記列席者に閲覧させたところ、各自その内容の正確なことを承認し、下記に署名・押印する。

　　　　　　　　　　　　　　　　○○○○　㊞
　　　　　　　　　　　　　　　　△△△△　㊞
　　　　　　　　　　　　　　　　××××　㊞

　この証書は、平成○○年○月○日、本公証役場において作成し、下記に署名・押印する。
　　　　　　　　　○○県○○市○○町○丁目○番○号
　　　　　　　　　○○法務局所属
　　　　　　　　　　公証人　　○○○○　㊞

　この正本は、平成○○年○月○日、貸主○○○○の請求により下記本職の役場において作成した。
　　　　　　　　　　○○法務局所属
　　　　　　　　　　　公証人　　○○○○　㊞

4 債務弁済契約公正証書の作り方

債務者にきちんと返済して欲しい場合に作成する

📄 万一の場合に備えてする契約

　債務弁済契約とは、すでに存在している債務について、新たに返済方法などについて取り決めを行う契約のことを言います。何らかの事情で、債務者がきちんと返済をするかどうかが危ぶまれた場合や、債務者が確実に債務履行をすることを、債権者が強く望んでいる場合に、債務弁済契約が締結されます。

　債務弁済契約の対象となるのは、お金の貸し借りだけでなく、請負や売買による代金の支払い、あるいは損害賠償金の支払いなど、金銭の支払い全般にわたって取り交わされる契約です。もともと債務の支払い方法について明確にするために行われるものですから、公正証書にしておくケースが多いようです。

📄 作成にあたって注意する点

　債務弁済契約の公正証書を作成する際には、契約内容を明確に記載することはもちろん、利息や遅延損害金、期限の利益喪失約款、保証人の有無などについても、明記するようにしましょう。

　具体的には、債務者にはもともと弁済しなければならない債務がある、ということを明確にします。そして、その債務が生じた原因についても明記しておきます。たとえばその債務が売買契約に基づく売買代金債務である場合には、その売買契約についても記載するようにします。

　また、その債務をどのように返済するのかも明記します。分割払いの場合には支払いの開始日と期間、支払回数、期限などについて、明記します。

　債務弁済契約は、もともとの債務の支払期日を延ばすために結ばれることが多いため、実際に契約を結ぶ際に利息がつけられたり、支払いが滞った場合について厳格な取り決めをする場合が多いようです。

　債権者としては、債権を確実に回収するために債務者にプレッシャーを

与える必要がありますから、特に利息・遅延損害金・期限の利益喪失約款について、明確に規定することになります。

利息をつける場合には、利息をつける旨とともに、具体的な利率を記載します。利息については、利息制限法の範囲内に決めておくようにしましょう。返済が遅れた場合に備えて、遅延損害金や期限の利益喪失約款についても詳細に記載しておくようにします。

なお、確実に債権を回収したい場合には、保証人をつけるようにします。保証人をつける場合には、誰が保証人であるのかを明記するとともに、保証契約を別途保証人と債権者との間で結ぶことになります。この保証契約を債務弁済契約と一緒の契約書で済ませることはできないので、注意して下さい。保証人をつける場合には、できる限り、連帯保証人を立てるように求めた方が安心でしょう。通常の保証人の場合には、まず債務者に対して債務履行請求をしなければなりませんが、連帯保証人の場合には、債務者ではなくいきなり連帯舗装人に対して債務の履行を求めることもできるからです。

■ 債務弁済契約はどのような場合に結ばれるのか

> 売買代金の支払い・金銭の貸し借り・売掛金の蓄積といった理由で金銭を請求する権利をもっている

▼

> 契約書を作成しておらず、うやむやにされるおそれがある。あるいは一部の支払いはなされたが、残債務額の金額がはっきりとしていない

▼

> 発生している債務について、その債務を承認させた上で弁済を確約させるために、債務弁済契約を結ぶ

▼

> 債務弁済契約では、債務の内容・債務額・支払方法を明確に記載し、トラブルを予防したい場合には公正証書にする

書式5 債務弁済契約公正証書

債務弁済契約公正証書

　本公証人は、当事者の嘱託により、その法律行為に関する陳述の趣旨を録取し、この証書を作成する。

第1条（趣旨） 債権者〇〇〇〇株式会社（以下「甲」とする）、債務者△△△△有限会社（以下「乙」とする）、連帯保証人××××（以下「丙」とする）は、以下のとおり、債務弁済契約を締結する。

第2条（債務内容） 乙は、平成〇〇年〇月から平成〇〇年〇月に至る商品卸売契約に基づき甲に対して発生した代金債務のうち、未払残代金〇〇〇万円の債務を負担することを承認し、以下の条項に定めるところに従い、弁済することを約した。

第3条（支払方法） 乙は、前条の債務を、平成〇〇年〇月より毎月末日限り、金〇〇万円ずつの分割払いによって弁済するものとする。

２　本件債務の利息は年〇％とし、前項債務とともに毎月末日限り弁済する。

第4条（期限の利益の喪失） 乙について下記各号の一に該当する事由が生じたときは、乙は当然に期限の利益を喪失し、甲からの催告なく、直ちに元利金を完済すべきものとする。

①　前条の割賦金、利息を支払わないとき
②　他の債務につき、競売、強制執行、差押、仮差押、破産開始決定、民事再生、会社更生の申立て又は不渡処分があったとき

第5条（連帯保証人） 丙は、本契約による乙の甲に対する一切の債務を保証し、乙と連帯して債務の履行をすることを約した。

第6条（執行認諾約款） 乙及び丙は、本契約による金銭債務を履行しないときには、直ちに強制執行を受けても異議のないことを認

諾する。

以上

本旨外要件

　　住　　所　　東京都〇〇区〇〇町〇丁目〇番〇号
　　債権者　　〇〇〇〇株式会社
　　上記代表者代表取締役　〇〇〇〇　㊞
　　住　　所　　東京都〇〇区〇〇町〇丁目〇番〇号
　　職　　業　　会社員
　　　　　　　　昭和〇〇年〇月〇日生

　上記の者は印鑑証明書を提出させてその人違いでないことを証明させた。

　　住　　所　　〇〇県〇〇郡〇町〇丁目〇番〇号
　　債務者　　△△△△有限会社
　　上記代表者代表取締役　△△△△　㊞
　　住　　所　　〇〇県〇〇郡〇町〇丁目〇番〇号
　　職　　業　　会社員
　　　　　　　　昭和〇〇年〇月〇日生

　上記の者は印鑑証明書を提出させてその人違いでないことを証明させた。

　　住　　所　　〇〇県〇〇市〇〇町〇丁目〇番〇号
　　連帯保証人　　××××　㊞
　　職　　業　　会社員
　　　　　　　　昭和〇〇年〇月〇日生

　上記の者は印鑑証明書を提出させてその人違いでないことを証明させた。

　上記列席者に閲覧させたところ、各自その内容の正確なことを承認し、下記に署名・押印する。

　　　　　　　　　　　　　　　　　〇〇〇〇　㊞
　　　　　　　　　　　　　　　　　△△△△　㊞
　　　　　　　　　　　　　　　　　××××　㊞

　この証書は、平成〇〇年〇月〇日、本公証役場において作成し、下記に署名・押印する。

　　　　　　　　東京都〇〇区〇〇町〇丁目〇番〇号
　　　　　　　　東京法務局所属
　　　　　　　　　公証人　〇〇〇〇　㊞

　この正本は、平成〇〇年〇月〇日、売主〇〇〇〇株式会社の請求により下記本職の役場において作成した。

　　　　　　　　　　　　　　東京法務局所属
　　　　　　　　　　　　　　　公証人　〇〇〇〇　㊞

5 売買契約公正証書の作り方

目的物を明記し、手付や支払方法、所有権移転時期についても記載する

代金支払について不安がある場合に活用する

　契約の一方の当事者が有する目的物の所有権を相手方に移転し、その相手方が金銭を給付することを約束する契約が売買契約です。売買契約の目的物が個性的なものである場合の売買を特定物売買と言い、代替可能な目的物の売買を不特定物売買と言います。

　当事者間で合意が成立すれば、目的物を交付しなくても契約は成立します。つまり、契約書を作らなくても契約自体は有効に成立する、ということです。ただ、売買契約を結んだ証拠を残すには、やはり売買契約書を作成する必要があるでしょう。後にトラブルとなった場合に困らないようにするためには、より強固な証拠となり得る公正証書で作成します。たとえば、売買契約の相手方の信用に不安がある場合には、執行認諾約款をつけるようにして、相手方が債務を履行しない場合には強制執行できるようにしておきます。ただ、不動産の売買契約の場合には、執行認諾約款付きの公正証書を作成することはできません。

作成にあたって注意すること

　売買契約について公正証書を作成する場合には、契約の目的物を特定し、代金について定めるとともに目的物に対する所有権が移転するタイミングと危険負担についての取り決めを明記します。また、手付を交付する場合には手付を交付する条件なども明記するようにしましょう。

　具体的には、以下の点に注意して作成します。

① 契約の目的物の特定

　公正証書の強力な証明力も、その契約の目的物が特定されていなければ、威力を発揮することができません。売買契約の場合には、売買の対象となる物を特定します。特に、不動産や中古車、中古の設備などの特定物が売買の目的物である場合には、トラブルとならないように明確に特定してお

かなければなりません。不動産の場合には登記事項証明書、中古車の場合には自動車登録証といった書類を準備しておくと、間違いを防ぐことができるでしょう。

② 代金の金額と支払方法

　目的物を取得する代金については、必ず支払金額の総額と支払方法を明記して下さい。支払回数が一回ではない場合には、手付や頭金の金額と支払時期・方法、分割払の支払方法、各支払期日に支払う金額を明記します。支払方法としては、たとえば売主が取り立てるのか、買主が持参するのか、銀行振込によって支払うのか、またその場合の振込手数料は誰が負担するのか、といったことを明記します。

③ 目的物の引渡しと所有権の移転時期について

　目的物の引渡しについてもきちんと定めておく必要があります。代金の全額支払と同時に目的物を引き渡す場合もありますが、最初に引き渡してしまう場合もありますし、分割払いの場合などでは支払の途中で引き渡す場合もあります。こうしたことは事前に話し合い、公正証書に必ず明記するようにしましょう。

　また、売買の目的物の所有権が売主から買主に移転するタイミングについても明記しておくようにします。一般的には代金の支払を終えた時点で移転するようにしている契約が多いようです。

④ 目的物が滅失した場合の取り扱いについて

　売買契約を締結したものの、買主が目的物の代金を支払っていないタイミングで、売主にも買主にも責任がないのに目的物が消滅してしまった場

■ **目的物の記載方法**

不特定物売買の場合
　目的物の種類数量を明示する

特定物売買の場合
　目的物の特徴を具体的に示す
　（登記・登録制度のある物は、その記載内容に従う）

合に、どちらが負担を負うか、という問題を危険負担と言います。たとえば、住宅の売買契約を結んで、買主が売主に代金を支払う前に、その住宅が火事で焼失したような場合です。この場合、原則として買主が代金を支払わなければならない、とされています。しかし、公正証書に、そうした場合には買主は代金を支払う義務を負わないことを明記しておくこともできます。そうすれば、実際にそのような事態になったとしても、買主は代金を支払わなくてもよくなります。

⑤ 手付を交付する場合

不動産取引などでは、通常、買主が売主に手付を交付します。手付は地方によって意味合いが異なる場合がありますが、一般的に解約手付として扱われます。解約手付は、売買の相手方が債務の履行を開始するまでに契約を解約する際の基準となるものです。具体的には、売主が解約する場合には、交付された手付の倍額を返還し、買主が解約する場合には自身が交付した手付を放棄することになります。当事者が解約せずに最終的に売買が履行された場合には、買主が交付した手付は代金の一部として充当されます。

ただ、手付については、それが解約手付としての意味を持たない、という主張がなされて争いとなる場合があります。こうした争いを防ぐために、公正証書には必ず手付がどのような性質を持つのかを定義した上で、金額なども記載しておいたほうがよいでしょう。

■ **手付の種類**

証約手付	売買が成立した際に支払うもの 売買が成立した証拠となる
解約手付	契約を解除を可能とするために支払うもの 相手方が債務の履行に着手するまでなら、理由なく解除することができる 解除する場合、買主は手付金の放棄、売主は手付金の倍額を支払うことになる
違約手付	契約違反があった場合の保証金 債務不履行があった場合に没収することができる

書式6　売買契約公正証書

物品売買契約公正証書

　本公証人は、当事者の嘱託により、その法律行為に関する陳述の趣旨を録取し、この証書を作成する。

　売主○○株式会社（以下「甲」という）と買主△△株式会社（以下「乙」という）は、物品の売買において、次の通り契約した。

第1条（売買の目的） 甲は、その所有にかかる下記の物品（以下「本件物件」という）を乙に売り渡し、乙はこれを買い受けることをその目的とする。

2　目的となる物品は次のとおりとする。

　品名　○○○○○○
　数量　○個

第2条（物件の引渡場所および方法） 本件物件の引渡は、平成○○年○月○日限り、乙の本店営業所においてなすものとする。引渡は、現実に行うこととする。

第3条（単価および売買代金の総額） 本件物品の単価は金○○○○円とし、売買代金の総額は金○○○○円とする。

第4条（売買代金の支払時期および方法） 売買代金は、平成○○年○月○日限り、第2条の引渡と同時に全額支払うこととする。

第5条（善管注意義務） 甲は、乙が現実に引渡を受けるまで、善良なる管理者の注意を払い、これを管理することとする。

第6条（不可抗力による履行不能） 天災地変その他甲乙双方の責めに帰すべからざる事由により、この契約の全部または一部が履行不能になったときは、この契約はその部分について、当然に効力を失う。

第7条（危険負担）本件物件の引渡が完了した後、乙の検査期間満了前において、物品の滅失、毀損、その他一切の損害があった場合には、甲がその責任を負う。ここにおいて、乙の検査は、その期間を○○日とする。

2　前項の規定は、乙の責めに帰すべき場合および乙の検査に合格した場合、または、乙が異議を述べずに受領した場合には、これを適用しない。

3　検査期間満了後に生じた損害は、甲の責めに帰すべき事由を除いて乙の負担とする。

第8条（損害賠償）相手方が本契約の条項に違反した場合、その他債務の本旨に従った履行をなさなかった場合には、それによって生じた損害について賠償を請求することができる。

第9条（契約解除）当事者の一方が本契約の条項に違反した場合には、他方の者は、直ちに本契約を解除することができる。本契約の解除は何らの催告も要しない。

第10条（合意管轄）本契約より生じる法律関係の訴訟については、甲の本店所在地を管轄する地方裁判所を第一審管轄裁判所とする。

第11条（双方の協議）本契約に定めのない事項については、甲乙協議の上、定めるものとする。

以上

本旨外要件

住　所　　東京都○○区○○町○丁目○番○号
売　主　　○○株式会社
　　　　　上記代表者代表取締役　　○○○○　㊞
住　所　　東京都○○区○○町○丁目○番○号
職　業　　会社員
　　　　　昭和○○年○月○日生

上記の者は印鑑証明書を提出させてその人違いでないことを証明させた。

住　所　　○○県○○郡○町○丁目○番○号

買　主　　△△株式会社
　　　上記代表者代表取締役　　△△△△　㊞
　　　住　所　　○○県○○郡○町○丁目○番○号
　　　職　業　　会社員
　　　　　　　　昭和○○年○月○日生
　上記の者は印鑑証明書を提出させてその人違いでないことを証明させた。
　上記列席者に閲覧させたところ、各自その内容の正確なことを承認し、下記に署名・押印する。

　　　　　　　　　　　　　　　　　　　　　○○○○　㊞
　　　　　　　　　　　　　　　　　　　　　△△△△　㊞

　この証書は、平成○○年○月○日、本公証役場において作成し、下記に署名・押印する。

　　　　　　　　　　　東京都○○区○○町○丁目○番○号
　　　　　　　　　　　東京法務局所属
　　　　　　　　　　　　公証人　　○○○○　㊞

　この正本は、平成拾七年○月○日、売主○○○○の請求により下記本職の役場において作成した。

　　　　　　　　　　　　　　　　　　　東京法務局所属
　　　　　　　　　　　　　　公証人　　○○○○　㊞

6 売掛金や手形金・小切手金の支払いをめぐる支払督促

売掛金の場合は対象契約の特定方法に注意する

手形取引とはどのようなものか

　継続的取引においては、手形は不可欠といってもよいでしょう。
　とくに債権回収の場面では手形の取扱いが問題になるケースもよくあります。手形には約束手形と為替手形がありますが、継続的取引で頻繁に利用されるのは約束手形です。約束手形とは、振出人が受取人または所持人に対して一定金額の支払いを約束する旨の文言を記載した証券のことです。
　振出人とは、約束手形を作成した者のことです。約束手形の作成は、手形に署名した上、一定の法定された記載事項を記すことによって行います。振出人は、手形を作成・交付することによって、手形に記載された金額（手形金）を支払う義務を負うことになります。手形を受け取った人は、満期日が到来するのを待って、自ら手形金の支払いを振出人に対して請求することはもちろん、満期日が到来する前に、第三者に手形を譲渡し、債務の支払いに充当することもできます。手形の譲渡は通常、裏書という方法によって行われます。最終の手形の所持人は手形の振出人だけでなく途中に介在する裏書人に対しても権利行使できます。

手形取引で支払督促をする場合の注意点

　支払督促では請求債権を理由づける書類の添付は原則として不要ですが、手形金請求の場合には手形の写しを添付することが必要です。手形の写しについての手数料は申立手続費用として相手方に請求することが認められています。

・支払督促申立書の記載

　手形金請求の支払督促申立書を作成する際には、まず、請求金額については手形の額面金額を記載します。遅延損害金の請求については、手形の支払呈示期間内に債権者が手形の呈示をしたにもかかわらず、支払いがない場合には、支払呈示の翌日から商事法定利率である年6％の割合の遅延

損害金を請求できます。一方、支払呈示時期間までに呈示していない手形については支払督促送達日の翌日から遅延損害金を請求できます。

「請求の原因」欄には、債務者が手形を所持していること、自己が手形を所持していること、といった手形金を請求するための要件を記載します。

・振出人と裏書人ともに請求する場合

支払督促を申し立てるにあたっては、振出人だけでなく、裏書人に対しても請求することが可能です。相手方が複数人になる場合、申立手数料の金額が変わってきますので、申立先の簡易裁判所に確認することが必要です。相手方が複数人になる場合、申立書の表題部に合同債務の支払いを求める旨を記載します。

売掛金取引と支払督促の活用

掛とは、支払いをその場では行わず、後で支払う「つけ」を意味します。商品の料金を後払いや後受け取りすることを、掛による売買といいます。商品を売って、すぐに支払いを受けない時の金銭債権が売掛金になります。売買を行うにあたって、売掛金取引はよく利用されています。本来なら、現金取引をするのが、一番安全なのですが、取引先を信頼して、売掛金取引にするのです。ただ、取引先が代金を支払うまでには1か月から3か月以上の長いスパンが設けられていることも多いため、その間に取引

■ 手形取引の流れ

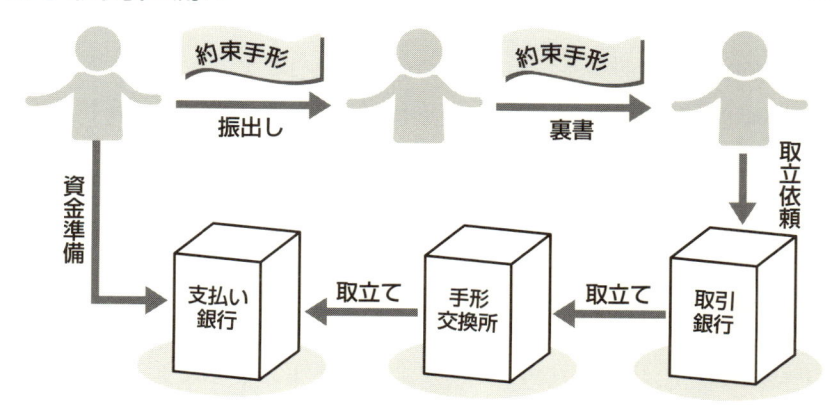

先の会社の財務状況が悪化して売掛金が戻ってこないこともありえます。

財務状況が悪化した会社に対しては、倒産してしまう前に、売掛金（売上代金）を回収しなければなりません。相手方に売掛金の支払債務があることは帳簿や発注書から明らかであることが多いので、訴訟の前に支払督促を検討するのがよいでしょう。

売掛金取引をする上で、気をつけなければならないのが消滅時効です。貸金などの一般の債権についての消滅時効の期間は、原則として10年（企業間取引においては5年）ですが、売買代金などの売掛金債権に関しては、特別に短期の時効期間が設定されているが多いので、気をつけなければなりません。

なお、支払能力はあるのに、支払意思のない取引先または顧客に対しては、通知書や内容証明郵便による催告、専門家（弁護士、司法書士など）への取立委任、保全手続（仮差押・仮処分）、強制執行という手順をふんで、売掛金を回収します。会社ではなく一般人である顧客に対しては、簡易な手続である支払督促を利用するのもよいでしょう。また、自社で代金回収の体制を作っておくことも大切です。たとえば、支払期限を何日過ぎたら催促状送付、何日経っても応じない場合には相手の立会いのもとで商品の引揚げを行うなど、社内体制を確認しておきましょう。

■ **おもな債権の消滅時効**

10年	一般の民事債権（個人の貸金債権など）
5年	企業間の商取引などの商事債権
3年	手形貸付の手形債権、事故による損害賠償債権
2年	商品の売掛金債権、給料や賞与債権
1年	約束手形の所持人から裏書人に対する請求権
6か月	小切手債権

書式7 手形金請求のための支払督促申立書

支払督促申立書

手形金 請求事件

当事者の表示　　　別紙当事者目録記載のとおり
請求の趣旨及び原因　別紙請求の趣旨及び原因記載のとおり

「債務者 ら は、**合同して** 債権者に対し、請求の趣旨記載の金額を支払え」
との支払督促を求める。

申立手続費用　　金	31,080	円
内　訳		
申立手数料（印紙）	25,000	円
支払督促正本送達費用（郵便切手）	2,160	円
支払督促発付通知費用	120	円
申立書作成及び提出費用	800	円
資格証明手数料	3,000	円

平成○○年　○月　○日

住　　所：〒000-0000
（所在地）　東京都○○区××1丁目1番1号
債権者氏名：甲山産業株式会社
（名称及び代表者の資格・氏名）
　　　　　　代表者代表取締役　甲山太郎

（電　話：03-0000-0000　　　　　）
（FAX：03-0000-0000　　　　　　）

㊞

東京　簡易裁判所　裁判所書記官　殿

価額　　　　10,000,000　円
貼用印紙　　　25,000　円
郵便切手　　　 2,280　円
葉書　　　　　　　2　枚
添付書類　☑資格証明書　　　3　通
　　　　　□　　　　　　　　　通
　　　　　□　　　　　　　　　通

受付印

貼用印紙		円
葉書		枚
郵便切手		円

当事者目録

<table>
<tr><td rowspan="2">債権者</td><td></td><td>
住　　所：〒000-0000
（所在地）　東京都○○区○○１丁目１番１号

氏　　名：甲山産業株式会社
(名称及び代表者の資格・氏名)　代表者代表取締役　甲山太郎

電　話：03-0000-0000
FAX：03-0000-0000
</td></tr>
<tr><td>送達場所等の届出</td><td>
債権者に対する書類の送達は次の場所に宛ててください。
☑上記の債権者住所
□債権者の勤務先
　名　称：
　所在地：〒

　電話：
　FAX：
□その他の場所（債権者との関係：　　　　　　　　　）
　住所：〒

　電話：
　FAX：
　送達受取人：
</td></tr>
<tr><td rowspan="2">債務者</td><td colspan="2">
①住　　所：〒000-0000
　（所在地）　東京都××区○○２丁目２番２号

氏　　名：乙川工業株式会社
(名称及び代表者の資格・氏名)　乙川次郎

電　話：03-0000-0000
FAX：03-0000-0000
</td></tr>
<tr><td colspan="2">
②住　　所：〒000-0000
　（所在地）　東京都△△区○○３丁目３番３号

氏　　名：株式会社丙谷商会
(名称及び代表者の資格・氏名)　丙谷三郎

電　話：03-0000-0000
FAX：03-0000-0000
</td></tr>
</table>

第４章　商取引・契約をめぐるトラブル解決と書式

請求の趣旨及び原因

請求の趣旨

1 　金　　　　10,000,000 円（下記請求の原因4の残額）
2 　（☑上記金額、□上記金額の内金　　　　　　　　円）に対する
　　（□支払督促送達日の翌日、☑平成 22 年　9 月　1 日）
　　から完済まで、年　6 ％の割合による遅延損害金

3 　金　　　　　　31,080 円（申立手続費用）

請求の原因

1 　（1）手形の振出　　債務者乙川工業株式会社は、別紙約束手形目録記載の約束手形（以下「本件手形」という）を振り出した。

　　（2）手形への裏書　債務者株式会社丙谷商会は、債務者乙川工業株式会社名義の署名のある本件手形に、拒絶証書作成義務を免除して、裏書した。

　　（3）裏書の連続　　別紙約束手形目録記載のとおり。

2 　債権者は、本件手形を満期日に支払場所に呈示した。

3 　債権者は、本件手形を所持している。

4

手形金の額	支払済みの額	残　額
10,000,000円	0円	10,000,000円

書式8　売掛金代金請求のための支払督促申立書

支払督促申立書

　　　売掛金　　請求事件

当事者の表示　　　　　　別紙当事者目録記載のとおり
請求の趣旨及び原因　　　別紙請求の趣旨及び原因記載のとおり

　「債務者　　は、　　　　　　債権者に対し、請求の趣旨記載の金額を支払え」
との支払督促を求める。

申立手続費用　　金　　　　　　5,500　円
内　訳
　　申立手数料（印紙）　　　　　　　　　2,500　円
　　支払督促正本送達費用（郵便切手）　　1,080　円
　　支払督促発付通知費用　　　　　　　　　120　円
　　申立書作成及び提出費用　　　　　　　　800　円
　　資格証明手数料　　　　　　　　　　　1,000　円

平成○○年　○月　○日

住　　所　〒000-0000
（所在地）　東京都○○区○○1丁目1番1号
債権者氏名：　甲山衣料　株式会社
（名称及び代表者の資格・氏名）
　　　　　　代表者代表取締役　甲山太郎　　　　　㊞

　　（電話：03-0000-0000　　　　）
　　（FAX：03-0000-0000　　　　）

　東京　簡易裁判所　裁判所書記官　殿

価額　　　　　　500,000　円
貼用印紙　　　　　2,500　円
郵便切手　　　　　1,200　円
葉書　　　　　　　　　1　枚
添付書類　☑資格証明書　　　1　通
　　　　　□　　　　　　　　　　通
　　　　　□　　　　　　　　　　通

受付印		
貼用印紙		円
葉書		枚
郵便切手		円

当事者目録

債権者		住　　所：〒000-0000 （所在地）　東京都○○区○○1丁目1番1号 氏　　名：**甲山衣料株式会社** （名称及び代表者の　**代表者代表取締役　甲山太郎** 資格・氏名） 電　話：03-0000-0000 FAX：03-0000-0000
	送達場所等の届出	債権者に対する書類の送達は次の場所に宛ててください。 ☑上記の債権者住所 □債権者の勤務先 　名　　称： 　所在地：〒 　電話： 　FAX： □その他の場所（債権者との関係：　　　　　　　　　　） 　住所：〒 　電話： 　FAX： 　送達受取人：
債務者		①住　　所：〒000-0000 　（所在地）　東京都○○区○○2丁目2番2号 　氏　　名：**乙川次郎** 　（名称及び代表者の 　資格・氏名） 　電　話：03-0000-0000 　FAX：03-0000-0000 ②住　　所：〒 　（所在地） 　氏　　名： 　（名称及び代表者の 　資格・氏名） 　電　話： 　FAX：

請求の趣旨及び原因

請求の趣旨

1　金　　　　500,000 円
2　(☑上記金額、□上記金額の内金　　　　　　円) に対する
　　(☑支払督促送達日の翌日、□平成　　年　　月　　日)
　　から完済まで、年　○ %の割合による遅延損害金

3　金　　　　5,500 円（申立手続費用）

請求の原因

1　(1) 契約日　　　　　　　平成 ○○ 年 ○ 月 ○ 日

　　(2) 契約の内容　　　　　債務者乙川次郎は、債権者から購入した
　　　　　　　　　　　　　　下記商品の代金について、平成 ○○ 年
　　　　　　　　　　　　　　　○ 月 ○ 日までに支払う
　　　　　　　　　　　　　　商品　略礼服　1着

　　(3) 連帯保証人　　　　　なし

2　債権者は、債務者乙川次郎に対し、上記商品を引き渡した。

3

代　金	支払済みの額	残　額
500,000円	0円	500,000円

7 クレジット契約についての公正証書の作り方

割賦販売法などによる規制をおさえておく

📝 分割払いが行われる契約にはどんなものがあるのか

売買契約では、代金の支払方法につき一括払いがなされるとは限りません。むしろ金額が高額の場合には分割払いをすることの方が多いでしょう。

割賦販売法では、支払いが分割払いになる契約として以下のものを定めています。

① 割賦販売

割賦販売とは、物品やサービスの代金を、分割で支払うことを約束して売買を行う販売形態のことです。割賦販売法で定める割賦販売とは、販売業者・役務提供事業者が、商品などの対価を2か月以上の期間にわたり、かつ、3回以上に分割して受領することを条件に政令で指定された商品などの販売を行うことを意味します。

売主と買主の二者間で直接割賦販売が行われるため、自社割賦と呼ばれることもあります。代金が後払いのものと前払いのものがあります。

② ローン提携販売

自動車や宝石などの高価な物品を扱う店に行くと、店側から「当社が紹介する金融機関を利用すれば、有利な条件でローンを組んで購入することができますよ」などと勧められることがあります。このような提携金融機関を介しての販売形態をローン提携販売と言います。

売主は金融機関からの借入金により支払を受けることができるので、「代金を受け取れないかもしれない」というリスクを回避することができます。しかし、ローン提携販売の場合、通常、売主（販売業者）が買主の債務の保証をします（業務として保証を行う会社が保証することもあります）ので、買主の返済が滞った場合、売主が買主に代わって返済しなければなりません。

③ 包括信用購入あっせん

消費者が商品の購入やサービスの提供を受ける際に、売主と消費者の間

に介在して、代金支払の取扱いを代行することを信用購入あっせんと呼びます。

よく利用される例としては、消費者がクレジットカードを利用して商品などを購入し、代金を信販会社が立て替えるケースがあります。このようにクレジットカードやチケット、パスワードを利用して、限度額の中で包括的に与信をするタイプを包括信用購入あっせんと呼びます。

買主ではない第三者が用意した金銭を売主に支払うという点では、前述したローン提携販売と同じですが、信用購入あっせんの場合、ローン提携販売のように売主が保証人になることはありません。信用購入あっせんでは、売主は売買契約だけを行い、信販会社が買主に対し、信用を与え、代金の支払時期を一定期間遅らせます。

④ 個別信用購入あっせん

包括信用購入あっせんと異なり、クレジットカードを使用せずに、車や宝石、呉服などの商品を買うたびに個別に契約し、与信（信用を与えて代金の支払時期を商品等の引渡時期よりも遅らせること）を行うものを個別信用購入あっせんと呼びます。一般的には、クレジット契約・ショッピングローンなどと呼ばれています。

割賦販売契約の公正証書を作成する上での注意点

割賦販売契約の公正証書を作成するにあたっては、割賦販売法、割賦販

■ 分割払いが利用されるおもな取引

取引	対象	支払条件
①割賦販売	指定商品・指定権利・指定役務に限定	2か月以上にわたり、かつ3回以上に分割して支払うもの
②ローン提携販売	指定商品・指定権利・指定役務に限定	2か月以上にわたり、かつ3回以上に分割して支払うもの
③包括信用購入あっせん	商品と役務のすべてと指定権利	2か月以上にわたるものであれば1回払い・2回払いも対象
④個別信用購入あっせん	商品と役務のすべてと指定権利	2か月以上にわたるものであれば1回払い・2回払いも対象

※ただし、法定の適用除外事由に該当する取引は割賦販売法の規制対象とならない

売法施行令といった法令の規制に十分注意して契約書を作成しなければなりません。

① 期限の利益喪失約款

賦払金（分割して払うお金）の支払いの滞納に備え、契約書には業者の方から一方的に契約を解除できるとする「失権約款」、残代金を全額すぐに請求できるとする「期限の利益喪失約款」がつけられているのが通常です。

ただ、支払いを怠った後であればいつでも全額請求できるというのは債務者に酷であるため、支払いの義務が履行されない場合であっても、20日以上の相当な期間を定めてその支払いを書面で催告し、その期間内にその義務が履行されないときでなければ、賦払金の支払いの遅滞を理由として、契約を解除し、または支払時期の到来していない賦払金の支払いを請求することができないという定めが置かれています（割賦販売法5条）。

したがって、遅延損害金を定める条項については、この条項に反しないように注意しなければなりません。

② 早期完済の場合

消費者に臨時の収入があった場合などは、逆に、期限よりも早期に賦払金（分割して払うお金）を支払ってしまうケースもあります。そのような場合に備えて、早期完済についての条項（早期完済した場合の利息の払戻しの方法など）を設けておくことも検討します。

③ 手形によって支払う場合

割賦販売では現金による支払いあるいは銀行への振込みといった方法で決済するのが通常ですが、ビジネスでは手形で決済されることもあります。その場合には、手形要件（額面・満期日・支払場所など）をすべて公正証書に記載しておく必要があります。

④ クレジットカードやクレジット契約を利用した場合

分割払いの場合には、前ページで述べたように、クレジットカードやクレジット契約など、信販会社が販売業者に立替払いをして、その後は、消費者が信販会社に対して分割払いをしていくという形態もあります。

この場合には、債権者は販売会社ではなく信販会社になりますので、公正証書は信販会社と消費者との間で作成することになります。

支払督促の申立書を作成する上での注意点

申立書を作成する上での注意点以下の通りです。

・**割賦販売の支払督促申立書（書式10）**

請求の趣旨には請求金額、求める遅延損害金の金額、申立手続費用について記載します。遅延損害金の利率は、法定利率（年5％、商取引の場合は年6％）に制限されます。

・**割賦販売の支払督促申立書（カードを利用する場合、書式11）**

販売会社の発行するカードを利用した契約の場合には、申立書に別表として利用明細をつけ、取引年月日、商品名、代金を個別に記載し、請求金額の内訳をわかるように記載します。

・**ローン提携販売の支払督促申立書（書式12）**

「請求の原因」欄には、契約内容を記載することになりますが、ローン提携販売であることを示すために、買主と金融機関との間の金銭消費貸借契約が結ばれており、債権者が保証（連帯保証）していることを記載します。そして、債権者が保証債務を履行した日付と支払った金額を記載します。

・**個別信用購入あっせんの支払督促申立書（書式13）**

「請求の原因」欄には、立替払契約の締結日、内容を記載します。信用購入あっせん契約の場合、売買代金を請求する債権者は信販会社ですが、商品などの売主は販売会社ですので、売主・商品名も明記します。また、支払額と残額の関係を明らかにするために、信販会社が販売会社に立替払いした日、立替払金、手数料、支払済みの金銭がある場合には支払済みの額、残額を記載します。

・**包括信用購入あっせんの支払督促申立書（書式14）**

記載事項は基本的に、個別信用購入あっせんの場合の支払督促申立書と同様です。ただ、包括信用購入あっせんは、クレジットカードなどを利用する取引ですので、信販会社の立替払いが複数回にわたる場合には別表として利用明細をつけるのがよいでしょう。

書式9　割賦販売契約公正証書

割賦販売契約公正証書

　本公証人は、当事者の嘱託により、下記の法律行為に関する陳述の趣旨を録取し、この証書を作成する。

第1条（契約締結）　売主○○株式会社（以下「甲」という）と買主○○○○（以下「乙」という）とは、○○○（以下「本件商品」という）に関して、下記のとおり割賦販売契約（以下「本契約」という）を締結する。

第2条（契約趣旨）　乙は甲に対し、本件商品を金○○円で売り渡し、乙はこれを買い受ける。

第3条（所有権移転）　本件商品の所有権は甲に留保され、乙が本契約に基づく本件商品の債務を完済したときに乙に移転する。

第4条（支払）　乙は、第2条に定める本件商品の代金○○円を、下記のとおり甲の指定する銀行口座に振込み支払う。
① 　頭金：平成○○年○月○日までに金○○円
② 　残金：平成○○年○月○日から平成○○年○月○日まで毎月末日までに金○○円ずつ

第5条（引渡し）　甲は乙に対し、本件商品を前条に定める頭金の支払いと引換えに引き渡す。

第6条（善管注意義務）　甲が本件商品を留保している間は、乙は善良なる管理者の注意をもって本件商品を使用収益し、甲の書面による承諾なく、譲渡、入質、貸与、担保に提供することその他の甲に損害を与えるおそれのある行為をしてはならない。

第7条（修理費等の負担）　本件商品の修理費その他一切の費用は、乙が負担しなければならない。

第8条（期限の利益喪失）乙が下記の各号の一つに該当する事由が生じた場合、乙は、甲からの通知催告を要せず当然に期限の利益を失い、甲に対し、直ちに残金全額を支払わなければならない。
　① 第3条に定める支払期日までに割賦金を支払わず、20日以上の期間を定めた催告にも拘わらず期間内に支払わなかった場合
　② 自ら振出した手形、小切手が不渡りになった場合又は一般の支払いを停止した場合
　③ 差押、仮差押、保全差押、仮処分の申立て又は滞納処分を受けた場合
　④ 破産、民事再生、特別清算、会社更生その他裁判上の倒産処理手続の申立てを受けた場合又は自らこれらの申立てをした場合
2　乙は、下記の各号の一つに該当する事由が生じた場合、甲の請求により期限の利益を失い、甲に対し、直ちに残金全額を支払わなければならない。
　① 本契約上の義務に違反し、その違反が本契約の重大な違反となる場合
　② 乙の信用状態が著しく悪化した場合

第9条（遅延損害金）乙は、前条により期限の利益を失ったときは、甲に対し、残金に対して期限の利益喪失の日の翌日から支払い済みまで商事法定利率を乗じた額の遅延損害金を加算して支払わなければならない。

第10条（本件商品の引渡し）第8条各号の一つに該当する事由のあるときは、乙は、甲からの催告がなくても、同条に定める債務の支払いのために、本件商品を直ちに甲に引渡さなければならない。

第11条（本件商品による充当）前条の引渡しを受けたときは、甲は、第8条に定める債務にこれを充当することができる。
2　甲が前項に定める充当を行った後に、まだ残債務があるときは、乙は直ちにこれを払わなければならない。
3　甲が第1項に定める充当を行った後に、余剰金があるときは、甲は直ちにこれを乙に返還するものとする。

第12条（変更事項）乙は、氏名・住所・連絡先等の変更をした場合は、甲に対し、速やかに通知しなければならない。

第13条（強制執行認諾）乙は、本契約に定める金銭債務の履行を怠ったときは、直ちに強制執行を受けても異議がないことを認諾した。

第14条（証書作成費用）この証書の作成その他本契約に係る費用については、甲乙折半してこれを負担するものとする。

第15条（裁判管轄）甲及び乙は、本契約に関する一切の紛争に関しては、訴額の如何にかかわらず、甲の本店所在地を管轄する地方裁判所を第一審の専属的管轄裁判所とすることに合意する。

以上

本旨外要件

住　所　　東京都〇〇区××〇丁目〇番〇号
売　主　　〇〇株式会社
住　所　　東京都〇〇区××〇丁目〇番〇号
上代表取締役　〇〇〇〇　㊞
　　　　　昭和〇〇年〇月〇日生

上記の者は印鑑証明書を提出させてその人違いでないことを証明させた。

住　所　　東京都〇〇区××〇丁目〇番〇号
職　業　　自営業
買　主　　〇〇〇〇　㊞
　　　　　昭和〇〇年〇月〇日生

上記の者は印鑑証明書を提出させてその人違いでないことを証明させた。

上記列席者に閲覧させたところ、各自その内容の正確なことを承認し、次に署名・押印する。

　　　　　　　　　　　　　　　　　　〇〇〇〇　㊞
　　　　　　　　　　　　　　　　　　〇〇〇〇　㊞

この証書は、平成〇〇年〇月〇日、本公証役場において作成し、次に署名・押印する。

　　　　　　　東京都〇〇区××〇丁目〇番〇号
　　　　　　　　〇〇法務局所属
　　　　　　　　公証人　　〇〇〇〇　㊞

この正本は、平成〇〇年〇月〇日、売主〇〇〇〇の請求により本職の役場において作成した。

　　　　　　　　〇〇法務局所属
　　　　　　　　公証人　　〇〇〇〇　㊞

書式10 割賦販売代金の支払督促申立書（カードを利用しない場合）

支払督促申立書

　　　　売買代金 請求事件
当事者の表示　　　　別紙当事者目録記載のとおり
請求の趣旨及び原因　　別紙請求の趣旨及び原因記載のとおり

　「債務者　　　は、　　　　　債権者に対し、請求の趣旨記載の金額を支払え」
との支払督促を求める。

申立手続費用　　金　　　　　　4,000　円
内　　訳
　　申立手数料（印紙）　　　　　　1,000　円
　　支払督促正本送達費用（郵便切手）1,080　円
　　支払督促発付通知費用　　　　　　120　円
　　申立書作成及び提出費用　　　　　800　円
　　資格証明手数料　　　　　　　　1,000　円

平成○○年　○月　○日
住　　　所　〒000-0000
（所在地）　東京都○○区××1丁目1番1号
債権者氏名：　甲山電機株式会社
（名称及び代表者の
資格・氏名）　代表者代表取締役　甲山太郎

　　（電　話：03-0000-0000　　　）　　　　　　㊞
　　（FAX：03-0000-0000　　　）

　東京　簡易裁判所　裁判所書記官　殿

価額　　　　　153,000　円
貼用印紙　　　　1,000　円
郵便切手　　　　1,200　円
葉書　　　　　　　　1　枚
添付書類　☑資格証明書　　　1　通
　　　　　□　　　　　　　　　通
　　　　　□　　　　　　　　　通

受付印

貼用印紙　　　　円
葉書　　　　　　枚
郵便切手　　　　円

119

当事者目録

<table>
<tr><td rowspan="2">債権者</td><td colspan="2">
住　　所：〒000-0000
（所在地）　東京都○○区××1丁目1番1号

氏　　名：**甲山電機株式会社**
(名称及び代表者の
資格・氏名)　**代表者代表取締役　甲山太郎**

電　話：
FAX：
</td></tr>
<tr><td>送達場所等の届出</td><td>
債権者に対する書類の送達は次の場所に宛ててください。
☑上記の債権者住所
□債権者の勤務先
　名　称：
　所在地：〒

　電　話：
　FAX：
□その他の場所（債権者との関係：　　　　　　　　　）
　住　所：〒

　電　話：
　FAX：
　送達受取人：
</td></tr>
<tr><td>債務者</td><td colspan="2">
①住　　所：〒000-0000
　（所在地）　東京都○○区○○2丁目2番2号

　氏　　名：**乙川次郎**
　(名称及び代表者の
　資格・氏名)

　電　話：03-0000-0000
　FAX：03-0000-0000

②住　　所：〒
　（所在地）

　氏　　名：
　(名称及び代表者の
　資格・氏名)

　電　話：
　FAX：
</td></tr>
</table>

請求の趣旨及び原因

請求の趣旨

1　金　　　　　153,000 円（下記請求の原因2の残額）
2　（☑上記金額、□上記金額の内金　　　　　　　円）に対する
　　（□支払督促送達日の翌日、☑平成 22 年 12 月 22日）
　　から完済まで、年　6 ％の割合による遅延損害金

3　金　　　　　4,000 円（申立手続費用）

請求の原因

1　（1）契約の日　　　平成22年6月15日

　　（2）契約の内容　　債務者は、債権者から購入した下記の商品の代金を分割して支払う。
　　　　　　　　　　　（商品）プラズマテレビ

　　（3）連帯保証人　　なし

2　債権者は、本件手形を満期日に支払場所に呈示した。

代金及び手数料の額	支払済の額	残　　額
255,000円 （内訳） 代金 250,000円 手数料 5,000円	102,000円 （最後に支払った日 H22.10.27）	153,000円 （内訳） 代金 150,000円 手数料 3,000円

3　☑　支払いを催促する書面が届いた日（期限の利益喪失の場合）
　　　　　　　　　　平成22年12月1日

　　□　分割金の最終支払期限（平成　　年　　月　　日）の経過

書式11 割賦販売代金の支払督促申立書（カードを利用する場合）

支払督促申立書

売買代金請求事件

当事者の表示　　　　　別紙当事者目録記載のとおり
請求の趣旨及び原因　　別紙請求の趣旨及び原因記載のとおり

「債務者　　は、　　　　債権者に対し、請求の趣旨記載の金額を支払え」
との支払督促を求める。

申立手続費用　　金　　　　3,500　円
内　訳
　　申立手数料（印紙）　　　　　　　　500　円
　　支払督促正本送達費用（郵便切手）　1,080　円
　　支払督促発付通知費用　　　　　　　120　円
　　申立書作成及び提出費用　　　　　　800　円
　　資格証明手数料　　　　　　　　　1,000　円

平成 ○○ 年　○ 月　○ 日

住　　所　〒000-0000
（所在地）　東京都○○区××1丁目1番1号
債権者氏名：　甲山衣料　株式会社
（名称及び代表者の
資格・氏名）　代表者代表取締役　甲山太郎　　　　㊞

（電話：03-0000-0000　　　）
（FAX：03-0000-0000　　　）

東京　簡易裁判所　裁判所書記官　殿

価額　　　　48,400　円
貼用印紙　　　　500　円
郵便切手　　　1,200　円
葉書　　　　　　　1　枚
添付書類　☑資格証明書　　　　1　通
　　　　　□　　　　　　　　　　通
　　　　　□　　　　　　　　　　通

受付印

貼用印紙　　　　円
葉書　　　　　　枚
郵便切手　　　　円

当事者目録

債権者		住　　所：〒000-0000 （所在地）　東京都○○区××1丁目1番1号 氏　　名：甲山衣料　株式会社 （名称及び代表者の資格・氏名）　代表者代表取締役　甲山太郎 電　話：03-0000-0000 FAX：03-0000-0000
	送達場所等の届出	債権者に対する書類の送達は次の場所に宛ててください。 ☑上記の債権者住所 □債権者の勤務先 　名　　称： 　所在地：〒 　電話： 　FAX： □その他の場所（債権者との関係：　　　　　　　　　） 　住所：〒 　電話： 　FAX： 　送達受取人：
債務者		①住　　所：〒000-0000 （所在地）　東京都○○区○○2丁目2番2号 氏　　名： （名称及び代表者の資格・氏名）　乙川次郎 電　話：03-0000-0000 FAX：03-0000-0000 ②住　　所：〒 （所在地） 氏　　名： （名称及び代表者の資格・氏名） 電　話： FAX：

第4章　商取引・契約をめぐるトラブル解決と書式

請求の趣旨及び原因

請求の趣旨

1　金　　　　48,400 円
2　(☑上記金額、□上記金額の内金　　　　　　円) に対する
　　(☑支払督促送達日の翌日、□平成 ○○年 ○月 ○日)
　　から完済まで、年 6 ％の割合による遅延損害金

3　金　　　　3,500 円（申立手続費用）

請求の原因

1　（1）契約の日　　　平成 21 年 4 月 10日

　　（2）契約の内容　　債務者は、カードを利用して、債権者から購入した商品の代金に手数料を加えた金額を1回払または分割払で支払う。

　　（3）連帯保証人　　なし

2　債権者は、本件手形を満期日に支払場所に呈示した。

代金及び手数料の額	支払済の額	残　額
67,000円 （内訳） 代金　65,500円 手数料　1,500円 （明細は別表）	18,600円 (最後に支払った 日 H22.5.27)	48,400円 （内訳） 代金　47,316円 手数料　1,084円

3　□ 支払いを催促する書面が届いた日（期限の利益喪失の場合）
　　　　　　　　　　　　　平成　　年　　月　　日

　　☑ 分割金の最終支払期限（平成22年9月27日）の経過

別表（販売業者のカード利用明細）

（１回払分）

購入日	商　品	代　金
H22.4.10	ネクタイ	6,000
H22.4.17	肌着類	3,500
H22.5.01	カジュアルシャツ	2,900
H22.5.15	Yシャツ	3,800
H22.5.22	スラックス	6,800
合　計		23,000

（分割払分）

購入日	商　品	代　金	手数料
H22.4.10	スーツ	30,000	1,000
H22.5.29	ビジネスシューズ	12,500	500
合　計		42,500	1,500

■ 割賦販売のしくみ

総合方式・リボルビング方式の場合、両者の間でカード会員契約が締結され、カードの発行についての信用調査が行われる

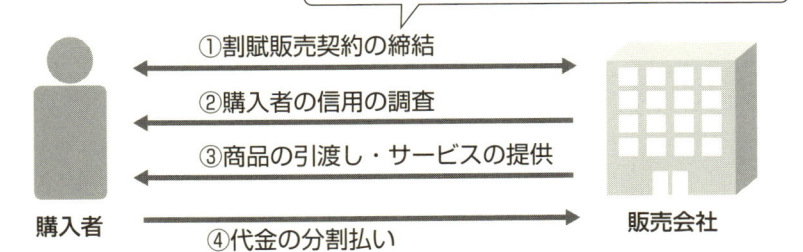

購入者　←①割賦販売契約の締結→　販売会社
　　　　←②購入者の信用の調査
　　　　←③商品の引渡し・サービスの提供
　　　　　④代金の分割払い→

第４章　商取引・契約をめぐるトラブル解決と書式

書式12 割賦販売代金の支払督促申立書（ローン提携販売）

支払督促申立書

売掛代金 請求事件

当事者の表示　　　　別紙当事者目録記載のとおり
請求の趣旨及び原因　別紙請求の趣旨及び原因記載のとおり

「債務者　　は、　　　　債権者に対し、請求の趣旨記載の金額を支払え」
との支払督促を求める。

申立手続費用　　金　　　　　5,500　円
内　訳
　　申立手数料（印紙）　　　　　2,500　円
　　支払督促正本送達費用（郵便切手）　1,080　円
　　支払督促発付通知費用　　　　　120　円
　　申立書作成及び提出費用　　　　800　円
　　資格証明手数料　　　　　　　1,000　円

平成○○年　○月　○日

住　　所：〒000-0000
（所在地）東京都○○区××1丁目1番1号
債権者氏名：株式会社○○電工
（名称及び代表者の
資格・氏名）　代表取締役　甲山太郎

　　　　　　　　　　　　　　　　　　　印
（電　話：03-0000-0000　　）
（FAX：03-0000-0000　　）

東京　簡易裁判所　裁判所書記官　殿

価額　　　　405,800　円
貼用印紙　　　2,500　円
郵便切手　　　1,200　円
葉書　　　　　　　1　枚
添付書類　☑資格証明書　　　1　通
　　　　　□　　　　　　　　　通
　　　　　□　　　　　　　　　通

受付印

貼用印紙	円
葉書	枚
郵便切手	円

当事者目録

債権者		住　　所：〒000-0000 （所在地）東京都○○区××1丁目1番1号 氏　　名：株式会社○○電工 （名称及び代表者の資格・氏名）代表取締役　甲山太郎 電　話：03-0000-0000 ＦＡＸ：03-0000-0000
	送達場所等の届出	債権者に対する書類の送達は次の場所に宛ててください。 ☑上記の債権者住所 □債権者の勤務先 　名　　称： 　所在地：〒 　電話： 　ＦＡＸ： □その他の場所（債権者との関係：　　　　　　　　） 　住所：〒 　電話： 　ＦＡＸ： 　送達受取人：
債務者		①住　　所：〒000-0000 （所在地）東京都○○区××2丁目2番2号 氏　　名：東京太郎 （名称及び代表者の資格・氏名） 電　話：03-0000-0000 ＦＡＸ：03-0000-0000 ②住　　所：〒 （所在地） 氏　　名： （名称及び代表者の資格・氏名） 電　話： ＦＡＸ：

第4章　商取引・契約をめぐるトラブル解決と書式

請求の趣旨及び原因

請求の趣旨

1　金　　　　　405,800 円（下記請求の原因1（4）の残額）
2　（☑上記金額、□上記金額の内金　　　　　　　　円）に対する
　　（□支払督促送達日の翌日、☑平成 22 年　6 月　11 日）
　　から完済まで、年　　　％の割合による遅延損害金

3　金　　　　　　5,500 円（申立手続費用）

請求の原因

1　（1）契約の日　　　平成21年10月21日

　　（2）契約の内容　　債務者は、商品を購入する資金として貸主から金銭を借り入れ、これを分割して支払う。この支払について債務者は債権者に連帯保証人を委託する（商品ローン提携販売契約）
　　　　　　①貸　　主　　　　　　株式会社○○銀行
　　　　　　②買主（借主）　　　　債務者　東京　太郎
　　　　　　③商　　品　　　　　　ルームシアターセット
　　　　　　④販売取扱店　　　　　債権者　株式会社○○電工
　　　　　　⑤貸付金の利息　　　　利率年12％
　　　　　　　　　　　　　　　　　（アドオン方式年6％）
　　　　　　⑥貸付金の遅延延滞金　利率年12％

　　（3）債権者に対する支払（求償債務）について連帯保証人　なし

　　（4）

貸付金	利息・損害金	支払済の額	残　額
500,000円	25,800円	120,000円	405,800円

　　（5）分割金の支払を怠った日（期限の利益喪失の場合）
　　　　　　　　　　　　　　　平成22年5月10日

2　債権者による保証債務の履行
　　（1）最後に支払った日　平成22年6月10日
　　（2）支払総額　金405,800円（上記1（4）の残額）

書式13 割賦販売代金の支払督促申立書（個別信用購入あっせん）

支払督促申立書

　　　　立替払金 請求事件

当事者の表示　　　　別紙当事者目録記載のとおり
請求の趣旨及び原因　　別紙請求の趣旨及び原因記載のとおり

「債務者　　は、　　　　　債権者に対し、請求の趣旨記載の金額を支払え」
との支払督促を求める。

申立手続費用　　金	4,000	円
内　訳		
申立手数料（印紙）	1,000	円
支払督促正本送達費用（郵便切手）	1,080	円
支払督促発付通知費用	120	円
申立書作成及び提出費用	800	円
資格証明手数料	1,000	円

平成○○年　○月　○日

住　　所：〒000-0000
（所在地）　東京都○○区××1丁目1番1号
債権者氏名：　○○信販株式会社
（名称及び代表者の資格・氏名）
　　　　代表者代表取締役　甲山太郎

　　　　　　　　　　　　　　　　　　　　　　（印）

（電　話：03-0000-0000　　　　）
（FAX：03-0000-0000　　　　）

東京　簡易裁判所　裁判所書記官　殿

価額	141,400	円
貼用印紙	1,000	円
郵便切手	1,200	円
葉書	1	枚
添付書類	☑資格証明書　　1	通
	□	通
	□	通

受付印

貼用印紙		円
葉書		枚
郵便切手		円

当事者目録

債権者		住　　所：〒000-0000 （所在地）東京都○○区××1丁目1番1号 氏　　名：○○信販株式会社 （名称及び代表者の 資格・氏名）代表者代表取締役　甲山太郎 電　話：03-0000-0000 FAX：03-0000-0000
	送達場所等の届出	債権者に対する書類の送達は次の場所に宛ててください。 ☑上記の債権者住所 □債権者の勤務先 　　名　称： 　　所在地：〒 　　電話： 　　FAX： □その他の場所（債権者との関係：　　　　　　　　　　） 　　住所：〒 　　電話： 　　FAX： 　　送達受取人：
債務者		①住　　所：〒000-0000 　（所在地）東京都○○区××2丁目2番2号 氏　　名：乙川次郎 （名称及び代表者の 資格・氏名） 電話： FAX： ②住　　所：〒 　（所在地） 氏　　名： （名称及び代表者の 資格・氏名） 電話： FAX：

請求の趣旨及び原因

請求の趣旨

1 　金　　　　　141,400 円（下記請求の原因3の残額）
2 　（☑上記金額、□上記金額の内金　　　　　　　円）に対する
　　（□支払督促送達日の翌日、☑平成22年10月22日）
　　から完済まで、年　6　％の割合による遅延損害金

3 　金　　　　　4,000 円（申立手続費用）

請求の原因

1 　（1）契約の日　　　平成22年1月17日

　　（2）契約の内容　　債権者は、債務者の下記の購入代金を立替払する。
　　　　　　　　　　　債務者は、債権者に対し、立替払金に手数料を加えた
　　　　　　　　　　　金額を分割して支払う。
　　　　　　　　　　　（売主）　水道計画株式会社
　　　　　　　　　　　（商品）　イオン整水器

　　（3）連帯保証人　　なし

2 　債権者が立替払をした日　　平成22年2月10日

3

立替金及び手数料の額	支払済の額	残　　額
242,400円 （うち手数料　2,400円）	101,000円 （最後に支払った日 H22.6.27）	141,400円

4 　☑　支払いを催促する書面が届いた日（期限の利益喪失の場合）
　　　　　　　　　　　　平成22年10月1日

　　□　分割金の最終支払期限（平成　　年　　月　　日）の経過

第4章　商取引・契約をめぐるトラブル解決と書式

書式14 割賦販売代金の支払督促申立書（包括信用購入あっせん）

支払督促申立書

　　　　立替払金　請求事件
当事者の表示　　　　別紙当事者目録記載のとおり
請求の趣旨及び原因　別紙請求の趣旨及び原因記載のとおり

　「債務者　　は、　　　　債権者に対し、請求の趣旨記載の金額を支払え」
との支払督促を求める。

申立手続費用　　金　　　　　6,000　円
内　　訳
　　　申立手数料（印紙）　　　　　　　　3,000　円
　　　支払督促正本送達費用（郵便切手）　1,080　円
　　　支払督促発付通知費用　　　　　　　　120　円
　　　申立書作成及び提出費用　　　　　　　800　円
　　　資格証明手数料　　　　　　　　　　1,000　円

平成 ○○ 年　○ 月　○ 日

住　　所　〒000-0000
（所在地）　東京都○○区××1丁目1番1号
債権者氏名：　○○信販株式会社
（名称及び代表者の
資格・氏名）　代表者代表取締役　甲山太郎　　　　　　㊞

　　（電　話：03-0000-0000　　　　）
　　（FAX：03-0000-0000　　　　）

　東京　簡易裁判所　裁判所書記官　殿

価額　　　　　590,625　円
貼用印紙　　　　3,000　円
郵便切手　　　　1,200　円
葉書　　　　　　　　1　枚
添付書類　☑資格証明書　　　1　通
　　　　　□　　　　　　　　　通
　　　　　□　　　　　　　　　通

受付印

貼用印紙　　　　円
葉書　　　　　　枚
郵便切手　　　　円

当事者目録

債権者		住　　所：〒000-0000 （所在地）東京都○○区○○１丁目１番１号 氏　　名：○○信販株式会社 （名称及び代表者の資格・氏名）代表者代表取締役　甲山太郎 電　話：03-0000-0000 FAX：03-0000-0000
	送達場所等の届出	債権者に対する書類の送達は次の場所に宛ててください。 ☑上記の債権者住所 □債権者の勤務先 　名　　称： 　所在地：〒 　電　話： 　FAX： □その他の場所（債権者との関係：　　　　　　　　　　） 　住所：〒 　電　話： 　FAX： 　送達受取人：
債務者		①住　　所：〒000-0000 　（所在地）東京都○○区××２丁目２番２号 　氏　　名：乙川次郎 　（名称及び代表者の資格・氏名） 　電　話：03-0000-0000 　FAX：03-0000-0000 ②住　　所：〒 　（所在地） 　氏　　名： 　（名称及び代表者の資格・氏名） 　電　話： 　FAX：

第４章　商取引・契約をめぐるトラブル解決と書式

請求の趣旨及び原因

請求の趣旨

1　金　　　　　590,625 円（下記請求の原因2の残額）
2　（☑上記金額、□上記金額の内金　　　　　　　　円）に対する
　　（□支払督促送達日の翌日、☑平成23年 1月 5日）
　　から完済まで、年 6 ％の割合による遅延損害金

3　金　　　　　6,000 円（申立手続費用）

請求の原因

1　（1）契約の日　　　平成21年6月25日

　　（2）契約の内容　　債権者は、債務者がカード（負債カード）を利用して加盟店から購入した商品もしくは権利の代金または役務の対価に相当する額を立替払する。
　　　　　　　　　　　債務者は、債権者に対し、立替払金に手数料を加えた金額を分割して支払う。

　　（3）連帯保証人　　なし

2　債権者は、本件手形を満期日に支払場所に呈示した。

立替金及び手数料の額	支払済の額	残　額
675,000円 （うち手数料 75,000円） （明細は別表）	84,375円 （最後に支払った日 H22.10.27）	590,625円

3　☑　支払いを催促する書面が届いた日（期限の利益喪失の場合）
　　　　　　　　　　平成22年12月15日

　　□　分割金の最終支払期限（平成　　年　　月　　日）の経過

別表（利用明細）

購入日		商　品	代　金	手数料
H22.7.15	東京電機	プラズマテレビ	350,000	43,750
H22.7.21	千葉カメラ	DVDレコーダー	200,000	25,000
H22.8.05	神奈川家具	テレビ台	50,000	6,250
合　　計			600,000	75,000

■ クレジットカードを利用した商品購入のしくみ

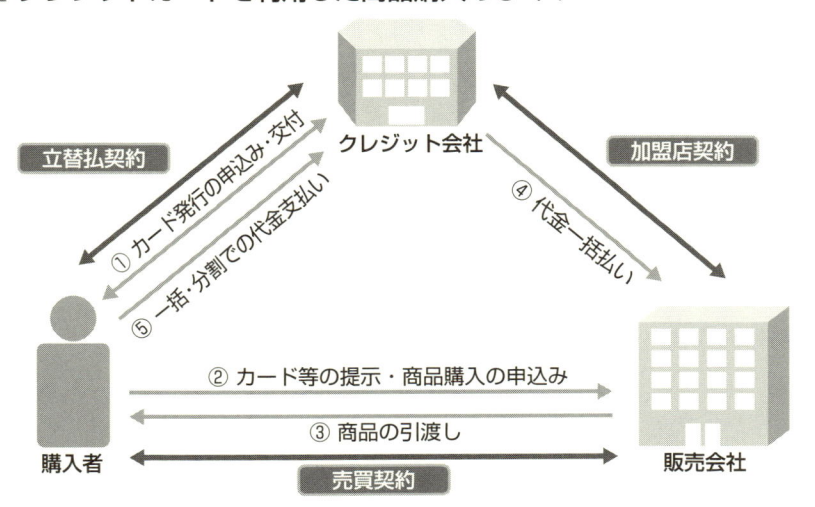

```
              クレジット会社
  立替払契約  ／    ｜    ＼  加盟店契約
    ① カード発行の申込み・交付
    ⑤ 一括・分割での代金支払い
                    ④ 代金一括払い

  購入者  ② カード等の提示・商品購入の申込み  販売会社
          ③ 商品の引渡し
               売買契約
```

第4章　商取引・契約をめぐるトラブル解決と書式

8 リース契約・レンタル契約についての公正証書の作り方

物件の種類、設置場所、賃料と支払方法、期限などを明確にしておくこと

オフィスなどで活用されている契約

コンピュータや事務機器は、購入するとかなりの費用となる他、維持費もかかります。また、工場などの機械や設備は、さらに多くの費用がかかります。不況の影響を受けて、多くの企業は、こうした機器や設備を購入するのではなく、レンタルやリースといった形態で利用するようになってきました。

レンタル契約とは、「賃貸借」をする契約です。賃貸借の目的物が動産の場合には、原則として、民法の規定が適用されますが、貸主と借主の間で民法の規定とは異なる取り決めをした場合には、違法な内容でない限り、その取り決めが優先されます。このレンタル契約には、当事者の事情にあった内容が盛り込むことができます。また、レンタル業という業界自体の歴史が浅いため、業界特有の商慣習も確立していない状況です。したがって、レンタル契約を結ぶ場合には、個々のケースに応じて、どのような内容にするか、決めていく必要があります。

機器や設備のレンタル契約の場合、その機器や設備について、整備や点検、操作といった保守に関する内容も契約に盛り込まれます。したがって、機器や設備が故障した場合にその故障が保証の範囲内である場合にはレンタル業者は修理を行う必要があります。レンタル契約の内容は、レンタルする機器や設備の種類や業者によって異なります。契約締結のために業者が準備した契約条項（約款）で契約することもあれば、個々の当事者が特約を設ける場合もあります。

レンタル契約と同様、リース契約も定型例があるわけではありません。ただ、一般的に、リース契約の場合にはレンタル契約とはしくみが異なります。機器や設備の売主とリース会社、利用者という三者が関わりを持つのが特徴です。

リース契約のしくみとしては、まず、利用者に代わってリース会社が機

器・設備を購入し、売主は購入したリース会社から代金支払を受けます。そして、代金を支払ったリース会社がその購入した機器や設備を利用者に貸して、利用者が機器設備を利用します。その際、利用者はリース料をリース会社に支払います。つまり、リース契約はリース会社と利用者の間で結ばれることになります。このリース契約の場合、仮に利用者がリース料の支払いをできなくなった場合には、その機器や設備を引き上げることができます。これはその機器や設備の所有権がリース会社にあるからです。

　なお、リース契約を途中で解約する場合には、残った期間に応じた損害金を支払わなければならないように取り決められています。また、仮に機器や設備に欠陥があったとしても、リース会社は原則として瑕疵担保責任（売買の目的物に普通ではわからないような隠れたキズがある場合に売主が負う責任）を負わないため、機器・設備の管理や点検についても責任を負いません。ただ、リース契約もレンタル契約と同様、業者や目的物によって、内容は異なります。

作成にあたっての注意点

　レンタル契約もリース契約も、前述したように、契約内容が一般化していると言える状況にはありません。したがって、公正証書を作成する際には、どのような契約であるのか、そして意図している契約内容が法的に有効に成立するのかどうか、違法な内容を含んでいないか、といった点に注意する必要があります。法律の専門家である公証人に相談して、問題がないかを確認するようにしましょう。

　特に注意したほうがよい事項としては、レンタル・リースの対象となる機器や設備の種類と設置場所、賃料、支払方法、支払期限、違約金や損害金を支払う条件と金額についてなどです。

　対象となる機器・設備の種類については、特定できるように具体的な内容を記載しておくようにします。たとえば、製造者名・型番・年式・種類・名称などです。自動車や船舶は登録制度がありますから、その登録番号を記載しておき、それを裏付ける登録証の写しなどを公証人に提出するようにします。

　リース契約の場合には、誰と誰の契約であるのかを、特に注意する必要

があります。また、たとえば機器や設備の保守・点検について契約を結ぶ場合には、利用者と売主の間で締結することになります。一方、リース契約自体はリース会社と利用者の間で結ぶものです。このように、契約内容が複数になる場合には、当事者が異なる場合がありますから、混乱しないように注意して下さい。

　また、リース契約上、所有者と言うとリース会社を指します。利用者は占有者、ということになります。登記制度のない動産の場合には、その機器や設備が誰の物であるのかを明示することが難しいので、たとえば機器や設備にリース会社が所有者であることを示すネームプレートなどをつけるようにして、その旨を公正証書に明記するようにしましょう。機器や設備が複数ある場合には、公正証書とは別に物件目録を作って権利関係を明確にしておくと混乱せずにすみます。

■ リースとレンタルの違い

	リース契約	レンタル契約
おもな利用目的	会社の設備を整える場合などの事業目的	DVDのレンタルなど、個人的な貸し借りでの利用
おもな対象物件	OA機器、コピー機、医療機器など	DVD、自動車、机、いすなど
目的物の選定方法	借主の要望に沿う物を貸主が購入して貸し出す	レンタル会社が保有している物から借主が選択
期間	数年間にわたるケースが多い	日・週・月単位で貸し借りが行われることが多い
中途解約の可否	原則として不可	原則として可能

書式15　リース契約公正証書

リース契約公正証書

　本公証人は、当事者の嘱託により、下記の法律行為に関する陳述の趣旨を録取し、この証書を作成する。

第1条（契約の趣旨） 賃貸人株式会社○○リース（以下「甲」という）と賃借人○○株式会社（以下「乙」という）とは、乙が指定する株式会社○○商事（以下「売主」という）の販売する下記の物件○○○1台（以下「本リース物件」という）を目的として、リース契約（以下「本契約」という）を締結する。

① 名　　称：○○○
② 製造者：○○産業株式会社
③ 年　　式：平成○○年式
④ 型　　番：○○○○

第2条（契約の締結） 甲は本リース物件を売主から購入し、乙に対しリースし、乙はこれを借受ける。

第3条（期間） 本契約の期間は、乙が売主から本リース物件の引渡しを受けた日から3年間とする。

2　乙は、本契約期間の満了前に、本契約を中途解約することはできない。

第4条（納品及び引渡） 本リース物件は、本契約成立後、売主により乙の指定する納品場所に搬入・設営されるものとし、乙は、本リース物件が納品されたときから引渡し完了のときまで善良な管理者の注意義務をもって、自らの負担で本リース物件を保管する。

2　乙は、売主から本リース物件の納品を受けた後、別途定める検収期限までに本リース物件について検査を行う。

3　乙は、瑕疵のない完全な状態で売主から当該物件の引渡しを受けたことを確認し、所定の引渡完了通知書を甲に対し交付し、これをもって引渡しが完了したものとする。なお、検収期限を過ぎても当該通知書の交付がなされないときは、本リース物件は、完全な状態で引渡しされたものとみなされる。

4　乙は、第2項に定める検査の結果、本リース物件に何らかの瑕疵があったときは、直ちに売主に通知し、かつ速やかに甲に対して書面により通知するものとする。

5　前項に定める瑕疵があった場合、又は本リース物件に納品の遅延があった場合は、乙及び売主間でこれを処理・解決するものとする。

6　前項の場合において、甲は乙に対し、何らの責任も負わず、また本リース物件の引渡し後に瑕疵が発見された場合も同様とする。

第5条（使用及び保管） 乙は、本リース物件を本来の用法に従って使用し、善良なる管理者の注意義務をもって管理しなければならない。

2　乙は、本リース物件を所定の場所で使用し、甲の書面による承諾なく、本リース物件を移動してはならない。

3　乙は、本契約期間中、本リース物件が甲の所有物である旨の表示（プレート）を本リース物件に貼付しなければならない。

4　乙は、本リース物件の使用において必要とする保守管理、修理・修繕は、乙自らの負担で行うものとし、その際に乙が付着させた部品、機器その他について、乙は甲に対し、その所有権を主張してはならない。

5　乙は、本リース物件について、保守管理、修理・修繕の範疇を超える改造その他の変更を行うことはできない。

6　甲は、いつでも本リース物件の使用及び保管の状況を検査することができ、乙は、当該検査に協力しなければならない。

7　本リース物件の使用及び保管に関連して、乙又は第三者に損害を与えたときは、乙は自らの責任と負担でこれを処理・解決するものとする。

第6条（リース料） リース料は月額金○○円とし、乙は、平成○○年○月から平成○○年○月まで、毎月末日限り、甲の指定する銀行口

座に振込み支払う。

第7条（譲渡等の禁止）乙は、本リース物件を第三者に譲渡し、又は転貸、売却等してはならない。

2　乙は、本契約上の権利を第三者に譲渡してはならない。

第8条（第三者による権利侵害）本リース物件に対して、第三者が強制執行、滞納処分による差押え等を行おうとするとき、又は第三者が何らかの権利主張を行うときは、乙は、当該第三者にこの証書を示すなどして本リース物件が甲の所有物であることを主張、立証するとともに、直ちにその旨を甲に通知しなけらばならない。

第9条（滅失・毀損）本リース物件について甲への返還時までに生じた滅失（天災地変、盗難等により返還不能となった場合、毀損により修理不能となった場合を含む。以下同じ）、毀損による損失はすべて乙の負担とする。ただし、当該滅失又は毀損が甲の責めに帰すべき事由に起因する場合は、この限りではないものとする。

2　乙は、本リース物件が滅失した場合は、リース料総額から支払済のリース料を控除した残リース料総額（以下「残リース料総額」という）を遅滞なく甲に支払うものとし、物件が毀損した場合は自己の負担でその修理を行うものとする。

第10条（損害保険）乙は、本リース物件に関し、甲の負担において、甲の指定する保険会社の動産総合保険を、甲を被保険者として付するものとする。

2　前条第1項に定める事故による損害が本リース物件の滅失であり、前項に定める動産総合保険により担保される場合は、乙は、甲が受領した保険金額を限度として、残リース料総額の支払いを免れものとする。

3　前条第1項に定める事故による損害が本リース物件の毀損であり、第1項に定める動産総合保険により担保される場合は、甲は、自らが受領した保険金額を乙に対し支払うものとする。

4　保険事故が発生した場合、乙は直ちにその旨を甲に通知するとともに、損害の軽減に努め、甲から請求があるときは、保険金受領に関し必要な一切の書類を甲に交付しなければならない。

第11条（期限の利益喪失） 乙が下記の各号の一つに該当する事由が生じたとき、甲は、何らの通知催告を要せず本契約を解除することができる。この場合、乙は、期限の利益を失い、甲に対し直ちに残リース料総額を支払わなければならない。

① 第6条に定めるリース料を〇か月滞納したとき
② 自ら振出した手形、小切手が不渡りになった場合又は一般の支払いを停止したとき
③ 差押、仮差押、保全差押、仮処分の申立て又は滞納処分を受けたとき
④ 破産、民事再生、特別清算、会社更生その他裁判上の倒産処理手続の申立てを受けた場合又は自らこれらの申立てをしたとき
⑤ 営業の廃止又は解散の決議をしたとき
⑥ 関係官庁から営業停止、許可・認可取消等の処分を受けたとき
⑦ 乙の信用状態が著しく悪化したとき
⑧ 本契約上の義務に違反し、その違反が本契約の重大な違反となるとき

第12条（契約終了時の措置） 本契約が契約期間の満了または前条に基づく解除により終了したときは、乙は直ちに自らの負担で、本リース物件を、甲の指定する場所に返還するものとする。

2　本契約の終了時において、乙が本リース物件の返還を遅延した場合には、乙は、遅延損害金として本リース物件の返還完了時まで第6条に定めるリース料相当額を現金で甲に支払わなければならない。

3　本契約の終了後も、乙が本リース物件を返還しない場合には、甲は乙の承諾を得ることなく、本リース物件の設営場所に立ち入り、本リース物件を撤去・搬出することができるものとする。なお、当該撤去・搬出に要した費用及び当該撤去・搬出時に生じた損害は乙が負担しなければならない。

4　本契約が前条に基づく解除により終了した場合で、甲が乙から本リース物件の返還を受けたときは、甲はこれを売却し、当該売却代金を、乙に対する債権に充当することができる。

第13条（再リース） 乙は甲に対し、本契約期間満了の〇か月前まで

に所定の通知書で申し出を行うことにより、本契約を更に1年間更新（再リース）することができるものする。

2　前項に定める再リースの料金は年額金〇〇円とし、乙は、再リース開始時に、甲の指定する銀行口座に振込み支払う。

3　乙は甲に対し、再リース契約期間満了の〇か月前までに所定の通知書で申し出を行うことにより、再リース契約と同一条件でさらに1年間再更新できるものとし、以後も同様とする。

第14条（通知及び説明義務）乙は、乙自ら及び連帯保証人の住所、氏名、商号、代表者の変更、その他本契約の条項に影響をあたえる事態が発生した場合は、甲に対して、直ちに書面によって通知しなければならない。

2　乙からの前項に定める通知がない場合、甲からの郵便物等が到達せず、又は遅れて到達した場合は、発送された当該郵便物等は、すべて到達すべき時及び到達すべき場所に到達したものとみなされる。

3　乙は、甲から要求があった場合はいつでも、自らの事業の状況を説明する資料、及び本リース物件の管理状況を説明する資料その他甲が必要とする資料、もしくはその写しを提出するものとする

第15条（連帯保証）連帯保証人は、本契約条項を承認のうえ、乙及び他の連帯保証人と連帯して本契約に基づく債務の完全な履行を保証するものとする。

第16条（遅延損害金）乙は、本契約に基づく金銭債務の履行を遅延したときは、年〇％の割合による遅延損害金を乙に対して支払わなければならない。

第17条（強制執行認諾）乙は、本契約に定める金銭債務の履行を怠ったときは、直ちに強制執行を受けても異議がないことを認諾した。

第18条（証書作成費用）この証書の作成その他本契約に係る費用については、甲乙折半してこれを負担するものとする。

第19条（裁判管轄）甲及び乙は、本契約に関する一切の紛争に関しては、訴額の如何にかかわらず、甲の本店所在地を管轄する地方裁判所を第一審の専属的管轄裁判所とすることに合意する。

以上

本旨外要件

　住　　所　　　東京都〇〇区××〇丁目〇番〇号
　賃貸人　　　　株式会社〇〇リース
　住　　所　　　東京都〇〇区××〇丁目〇番〇号
　上代表取締役　〇〇〇〇　㊞
　　　　　　　　昭和〇〇年〇月〇日生

　上記の者は印鑑証明書を提出させてその人違いでないことを証明させた。

　住　　所　　　東京都〇〇区××〇丁目〇番〇号
　賃借人　　　　〇〇株式会社
　住　　所　　　東京都〇〇区××〇丁目〇番〇号
　上代表取締役　〇〇〇〇　㊞
　　　　　　　　昭和〇〇年〇月〇日生

　上記の者は印鑑証明書を提出させてその人違いでないことを証明させた。

　上記列席者に閲覧させたところ、各自その内容の正確なことを承認し、次に署名・押印する。

　　　　　　　　　　　　　　　　　　　　〇〇〇〇　㊞
　　　　　　　　　　　　　　　　　　　　〇〇〇〇　㊞

　この証書は、平成〇〇年〇月〇日、本公証役場において作成し、次に署名・押印する。

　　　　　　　　東京都〇〇区××〇丁目〇番〇号
　　　　　　　　　〇〇法務局所属
　　　　　　　　　公証人　　〇〇〇〇　㊞

　この正本は、平成〇〇年〇月〇日、賃貸人〇〇〇〇の請求により本職の役場において作成した。

　　　　　　　　　〇〇法務局所属
　　　　　　　　　公証人　　〇〇〇〇　㊞

9 継続的取引に関する公正証書の作り方

強制執行認諾約款をつけることは原則としてできない

継続的基本契約とは

　継続的商品取引契約は、取引をはじめるにあたり基本的な取り決めをする基本契約です。

　実際に具体的な取引をする際には個別の取引の際に契約（個別契約）を結びますが、個別契約で特に取り決めなかった事柄については、基本契約の内容に拘束されることになります。取引が継続していると、取引停止にまつわるトラブルも生じやすいので、あらかじめ基本契約で契約解除に関する取り決めや出荷制限、取引停止に関する事項を定めておくことが大切です。特に、継続的商品取引契約の存続は双方の信頼関係に基づくので、信頼関係が破壊されたときは、契約期間内であっても解約できるようにしておくべきです。

　なお、個別取引の際に、基本契約とは異なる合意をすればその合意が基本契約の特例として優先することになります。

継続的基本契約の公正証書を作成する上での注意点

　継続的期間契約は取引の大枠という位置付けですから、公正証書では、販売価格、契約期間、契約解除事由を明記するようにします。販売価格については契約期間中に景気の変動、材料価格の高騰といった事態が生じることも考えられますから、事情の変更に対応できる規定にしておくのがよいでしょう。契約期間については始期と終期を明確に定めます。

　ただ、継続的基本契約の公正証書には、執行認諾約款（20ページ）をつけることは原則としてできません。継続的基本契約は将来的に生じる取引の内容について定める契約なので、公正証書を作成する段階では具体的な債権債務関係が定まっておらず、債務額を特定できないからです。執行証書（37ページ）としては利用できないということは知っておくとよいでしょう。

書式16　継続取引に関する公正証書

継続的商品売買取引基本契約書

　本公証人は、当事者の嘱託により、その法律行為に関する陳述の趣旨を録取し、この証書を作成する。

第1条（目的）○○商事株式会社（以下「甲」という）と、××産業株式会社（以下「乙」という）は、甲の製造する後記製品（以下「本件商品」という）の乙に対する継続的供給に関し、基本となる契約（以下「基本契約」という）を締結する。

第2条（基本契約と個別契約との関係）この基本契約は、甲乙間に締結される個別の契約（以下「個別契約」という）に特約なき限り、甲乙間のすべての個別取引に適用するものとする。

第3条（個別契約の成立）個別契約は、発注年月日、品名、仕様、単価、数量、納期、納入場所、支払方法その他を記載した乙所定の注文書を乙から甲に交付し、甲がこれを承諾したときに成立するものとする。

第4条（売買価格の決定）売買価格の代金は、甲乙の協議により、双方合意の上で決定されるものとする。

第5条（売買代金の支払方法）売買代金の支払方法は、甲乙の協議により、別に定めることとする。

第6条（商品納入後の検査義務）乙は、甲から本件商品の納入を受けた時は、直ちに本件商品を検査しなければならない。

2　検査の方法は、あらかじめ当事者が定めた方法によるものとし、別に定めることとする。

3　前項の検査により、万が一、乙が本件商品に瑕疵の存在を発見した場合、乙は直ちに書面をもって甲に対しその旨を通知することを要する。

第7条（所有権の移転および帰属）本件商品の所有権は、本件商品の現実の引渡しによって甲から乙に移転することを原則とする。ただし、特約がある場合には、代金の弁済が完了するまで本件商品の所有権は甲に帰属するものとする。

2　乙は、本件商品受領の際、直ちに甲の納品書に受領の署名押印をして、甲に発送しなければならない。

第8条（相殺予約）甲が乙に対して債務を負っている場合には、甲において、本件売掛金債権の弁済期の到来の有無にかかわらず、本件債権と甲の乙に対する債務とを同一の金額、条件で相殺できるものとする。

第9条（瑕疵担保責任）甲より乙へ本件商品を納入した後6か月以内に、乙が本件商品に瑕疵を発見した場合、乙は、相当の期限を定めて、甲に対し、本件商品の修理または交換をすべきことを請求することができる。その場合の費用負担は、甲が負うものとする。また、本請求は、乙において遅滞なく甲に行うことを要する。

2　前項の場合において、当該瑕疵に基づき乙が損害を被ったときは、乙は甲に対し損害賠償の請求をすることができる。乙が、第三者に発生した損害を賠償したときも、これを準用する。

3　甲は、乙に対する本件商品の納入後6か月を経過したときは、本件商品につき、何ら責任を負わないものとする。

第10条（秘密保持）甲および乙は、基本契約および個別契約に関して知り得た営業上または技術上の秘密を、第三者に開示または漏洩してはならない。当事者以外の第三者の情報についても同様とする。

第11条（損害賠償）甲または乙が基本契約または個別契約の条項に違反し、相手方に損害を与えたときには、違反した当事者は、損害を被った相手方に対してその損害を賠償するものとする。

第12条（契約解除）甲または乙は、相手方が次の各号に該当したときは、何らの催告を要せず、直ちに基本契約を解除することができる。

　① 基本契約または個別契約の条項に違反した場合
　② 基本契約または個別契約に違反すると思われる場合に、相当の

期間を定めて是正を勧告したにもかかわらず、当該期間内に是正を行わないとき
　③　営業停止など、行政処分を受けたとき
　④　税の納付に関し、滞納処分を受けたとき
　⑤　差押、仮差押、仮処分等を受けたとき
　⑥　手形または小切手につき不渡り処分を受けたとき
　⑦　破産、民事再生または会社更生の申立てを行ったとき。これらの申立てが第三者からなされたとき
　⑧　会社の組織について、解散、合併、会社分割、または営業の全部または重要な一部の譲渡を決議したとき
2　前項に基づいて基本契約が解除されたときは、帰責事由の存する当事者は、他の当事者に対して、基本契約の解除により他の当事者が被った損害を賠償するものとする。

第13条（基本契約の有効期間）基本契約の有効期間は、契約の日より2年間とする。
2　期間満了3か月前までにいずれかの当事者からも、書面による別段の申し出がない場合には、基本契約をさらに1年間延長するものとし、以後も同様とする。
3　基本契約の終結または解除のときに、すでに成立した個別契約がある場合には、基本契約は当該個別契約の履行が完了するまで、当該個別契約の履行の目的のために、なお効力を有するものとする。

第14条（公正証書の作成）甲および乙は、本契約の内容につき、公正証書を作成することに合意し、公正証書の作成にかかる費用については、甲乙は折半により負担するものとする。

第15条（双方協議）本契約に定めなき事項または基本契約の条項に解釈上の疑義を生じた事項については、甲乙協議の上、解決するものとする。

第16条（裁判における合意管轄）甲および乙は、基本契約より生じる紛争の一切につき、甲の本店所在地を管轄する地方裁判所を第一審管轄裁判所とする。

　　　　　　　　　　　　　　　　　　　　　　　　　　　以上

本旨外要件
　　住　　所　　〇〇県〇〇市〇〇町〇丁目〇番〇号
　　売　　主　　〇〇商事株式会社
　　住　　所　　〇〇県〇〇市〇〇町〇丁目〇番〇号
　　上代表取締役　〇〇〇〇　㊞
　　　　　　　　昭和〇〇年〇月〇日生
　上記の者は印鑑証明書を提出させてその人違いでないことを証明させた。
　　住　　所　　〇〇県〇〇市〇町〇丁目〇番〇号
　　買　　主　　××産業株式会社
　　住　　所　　〇〇県〇〇市〇〇町〇丁目〇番〇号
　　上代表取締役　〇〇〇〇　㊞
　　　　　　　　昭和〇〇年〇月〇日生
　上記の者は印鑑証明書を提出させてその人違いでないことを証明させた。
　上記列席者に閲覧させたところ、各自その内容の正確なことを承認し、次に署名・押印する。
　　　　　　　　　　　　　　　　　　〇〇〇〇　㊞
　　　　　　　　　　　　　　　　　　〇〇〇〇　㊞
　この証書は、平成〇〇年〇月〇日、本公証役場において作成し、次に署名・押印する。
　　　　　　　　　〇〇県〇〇市〇〇町〇丁目〇番〇号
　　　　　　　　　〇〇法務局所属
　　　　　　　　　公証人　　〇〇〇〇　㊞

　この正本は、平成〇〇年〇月〇日、売主〇〇〇〇の請求により本職の役場において作成した。
　　　　　　　　　〇〇法務局所属
　　　　　　　　　公証人　　〇〇〇〇　㊞

第4章　商取引・契約をめぐるトラブル解決と書式

10 債権譲渡についての公正証書の作り方

執行認諾約款を忘れずに記載しておく

債権は譲渡できるのが原則

　所有権は、「物に対する直接的な権利」です。所有権の譲渡については、たとえば、自分が持っている鞄を友人に譲渡する場合、実際にその鞄を友人に渡すのですから、所有権の移転を視覚的に把握することも可能です。一方、債権は、「特定の人に何かを請求することができる」という権利です。人に対して請求する権利ですから、物に対する直接的な権利である所有権とは異なって、債権を他人に譲渡したとしても、債権が移転するのを実際に見て確認できるわけではありません。このように、債権を譲渡する場合には、外部からはわかりにくいため、様々な配慮が必要となってきます。

債権譲渡契約の公正証書作成の際に注意すること

　債権を移転する場合に結ぶ債権譲渡契約を公正証書で作成する場合、以下の点に注意して作成しましょう。

① 　対象となる債権が譲渡できるものであること

　原則として、債権譲渡は自由に行うことができます。ただ、債権の性質上、自由に譲渡することができないものも存在します。たとえば、特定の音楽家に音楽を演奏させる債権などが該当します。また、扶養請求などは、法律上譲渡が認められません。その債権について当事者間で譲渡禁止の特約を結んでいた場合も、譲渡することができません。

② 　債権を特定する

　譲渡する債権を特定します。具体的には、債権の発生原因、債権が発生した日付、債権者、債務者、債権の金額などを具体的に明記します。

③ 　譲渡の原因を示す

　債権を譲渡することになった原因を記載します。たとえば債権を売買したことが原因である場合には、「債権の売買」と記載します。

④ 　債務者の承諾

債権譲渡契約とは、債権を譲渡する債権者とその債権を譲り受ける譲受人の間の契約ですが、実際に債務を履行しないといけないのは債務者です。債務者が知らないうちに債権者が変わってしまうと、債務の履行を誰に対して行えばよいのかわからなくなってしまいます。こうした不都合を避けるために、譲渡人は債権譲渡を債務者に通知するか、そのことについて債務者の承諾を得なければならないことになっています。そして、譲渡人の債務者への通知か債務者の承諾が確定日付のある証書によってなされていなければ、債権を譲り受けた譲受人が、債務者以外の第三者に対して、自分が債権を取得したことを主張できません。

債務者や譲受人が不測の事態とならないようにするためには、譲渡人と譲受人、債務者の三者で、債権譲渡について公正証書を作成しておくとよいでしょう。こうしておくと、確定日付のある公正証書によって債務者の承諾がなされたことになりますから、譲受人は、債務者・第三者双方に対して、自身が新しい債権者であることを主張できるからです。

債務者が公正証書の作成に協力してくれない場合は、内容証明郵便を利用して債務者に対して債権譲渡の事実を通知しておくとよいでしょう。

⑤ **執行認諾約款をつける場合**

債務者が応じてくれた場合には、債務者の執行認諾約款も記載しておくと、仮に債務者が将来債務を履行しなかったとしても、譲受人は強制執行することができます。

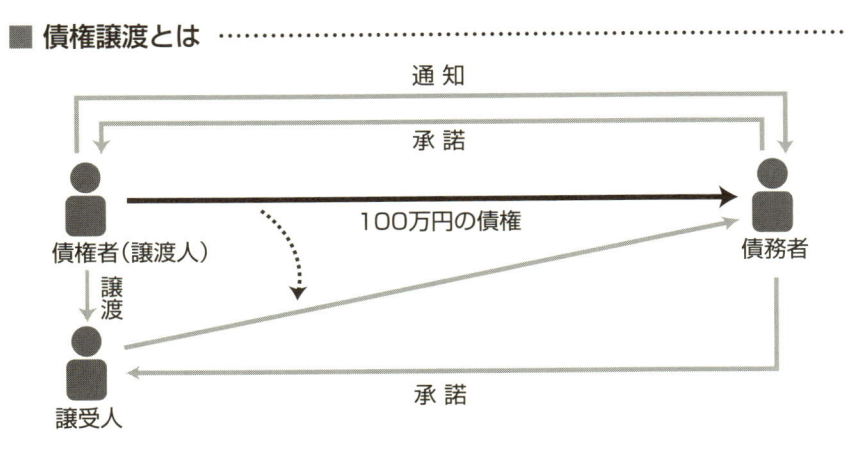

■ **債権譲渡とは**

書式17　債権譲渡契約公正証書

債権譲渡契約公正証書

　本公証人は、当事者の嘱託により、その法律行為に関する陳述の趣旨を録取し、この証書を作成する。

　〇〇興業株式会社（以下「甲」という）と株式会社△△（以下「乙」という）は、次のとおり債権譲渡契約を締結した。

第1条（本契約の目的） 本契約は、甲が有する下記債権を、乙に対し、代金〇〇〇〇円で売り渡し、乙がこれを買い受けることを目的として締結されることとする。

記

〈債権の表示〉
　甲と××株式会社（以下「丙」という）との間の平成〇〇年〇月〇日付金銭消費貸借契約に基づいて甲が丙に対し有する貸金債権及び平成〇〇年〇月〇日以降年6分の割合による利息債権

第2条（本債権の対抗要件） 甲は、本契約成立後遅滞なく、丙に対して前条の債権譲渡の通知をするか、または、丙から債権譲渡の承認を得なければならない。

2　前項の通知および承諾は、確定日付ある証書をもってしなければならない。

第3条（本契約の解除） 丙が、第2条所定の通知を受けるまでに甲に対して生じた事由をもって乙に対抗したときは、乙は、何らの催告を要せず直ちに本契約を解除することができる。

以上

本旨外要件
　住　所　　東京都〇〇区〇〇町〇丁目〇番〇号
　譲渡人　　〇〇興業株式会社

上記代表者代表取締役　〇〇〇〇　㊞
　住　所　　東京都〇〇区〇〇町〇丁目〇番〇号
　職　業　　会社員
　　　　　　昭和〇〇年〇月〇日生
上記の者は印鑑証明書を提出させてその人違いでないことを証明させた。
　住　所　　〇〇県〇〇郡〇町〇丁目〇番〇号
　譲受人　　株式会社△△
　上記代表者代表取締役　△△△△　㊞
　住　所　　〇〇県〇〇郡〇町〇丁目〇番〇号
　職　業　　会社員
　　　　　　昭和〇〇年〇月〇日生
上記の者は印鑑証明書を提出させてその人違いでないことを証明させた。上記列席者に閲覧させたところ、各自その内容の正確なことを承認し、下記に署名・押印する。

　　　　　　　　　　　　　　　　　　〇〇〇〇　㊞
　　　　　　　　　　　　　　　　　　△△△△　㊞

　この証書は、平成〇〇年〇月〇日、本公証役場において作成し、下記に署名・押印する。

　　　　　　　　　　　　東京都〇〇区〇〇町〇丁目〇番〇号
　　　　　　　　　　　　東京法務局所属
　　　　　　　　　　　　　公証人　　〇〇〇〇　㊞

　この正本は、平成〇〇年〇月〇日、譲渡人〇〇興業株式会社の請求により下記本職の役場において作成した。

　　　　　　　　　　　　　　　　　　東京法務局所属
　　　　　　　　　　　　　公証人　　〇〇〇〇　㊞

第4章　商取引・契約をめぐるトラブル解決と書式

11 請負代金の支払いを請求する

支払督促の申立書には請負契約の内容を簡潔明瞭に示す

請負契約のしくみを知る

　請負契約とは、請負人が仕事の完成を約束し、注文者がその結果に対して報酬を支払うことを約束することによって成立する契約です。建物を建ててもらうような場合（建設工事請負）が典型例ですが、他にも土木工事や家具の修理などがあります。仕事を完成させることが目的なので、物を運搬するような仕事も請負になります。

　請負人は、仕事の目的物の瑕疵について無過失の担保責任を負います。この瑕疵は、売買の瑕疵担保責任（売買の目的物に普通ではわからないような隠れたキズがある場合に売主が負う責任）の場合と異なり、「隠れたキズ」である必要はありません。

　報酬の支払いは、原則として後払いです。あくまでも仕事の完成が目的ですから、請負人が仕事を途中でやめた場合には、報酬を支払う必要はありません。

　請負契約は、口頭の約束でも成立しますが、長期間かかる業務や、報酬が高額な仕事の場合は、契約書を作成するのが一般的です。

　請負契約ではまず、当事者と仕事の内容を明確にします。次に、報酬金額、支払方法を定めます。材料などを仕入れないと、仕事を行うことができない場合には、資金の一部を前払いすることもあるので、支払時期を明示しておきます。

まずは訴訟以外の解決法を探る

　請負では、「完成品が注文どおりでないから代金は払わない」といった注文者からのクレームが少なくありません。そういう場合でも、まず落ち着いて相手方と話し合うことが必要です。仕事の進め方や完成時のイメージについて、お互いの考え違いが紛争を招いていることもあるからです。請負代金の支払いを請求する場合、まずは内容証明郵便で相手方に支払い

を求め、それでも注文者が代金の支払を拒むなど、話し合いによる解決の見込みの立たない場合には法的手段を探るしかありません。

支払督促を申し立てる場合には、申立書に「紛争の要点（請求の原因）」として、請負契約の内容を簡潔明瞭に示した上で代金の支払いがなされていないことを記載します。

内職は請負契約である

内職は一般的に請負契約になります。民法上、請負契約とは、請負人が仕事を完成させることを約束し、注文者がその仕事の結果に対して報酬を支払うことを約束する契約です。

報酬は後払い、つまり仕事が完成し目的物を引渡した時点で支払う、というのが民法の原則ですが、前払いにするという特約や数回に分けて支払うという特約がなされたりする場合もあります。いずれにせよ、注文者が定められた期限に報酬を支払ってくれないときは、請負人は仕事の目的物の引渡しを拒み、またこれを留置することができます。

請負代金を請求する場合、相手方の代金支払債務が明確であれば、支払督促を利用して債権回収を図るのがよいでしょう。訴訟と比べて簡単な手続きで進められ、強制執行をすることもできます。支払督促申立書の「請求の原因」欄には、請負契約の内容と支払われていない残額を明記しましょう。

■ 請負契約のしくみ

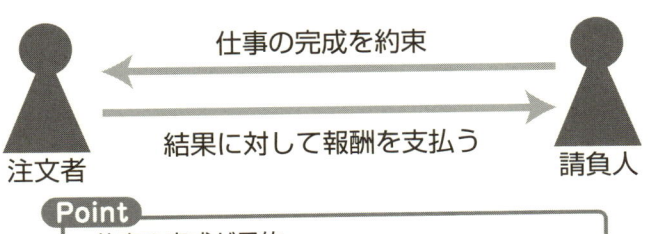

注文者 ←仕事の完成を約束― 請負人
注文者 ―結果に対して報酬を支払う→ 請負人

Point
・仕事の完成が目的
・目的物の瑕疵について無過失の担保責任を負う

書式18　請負代金請求のための支払督促申立書

支払督促申立書

　　請負代金　　　請求事件
当事者の表示　　　　別紙当事者目録記載のとおり
請求の趣旨及び原因　別紙請求の趣旨及び原因記載のとおり

　「債務者　　は、　　　　　債権者に対し、請求の趣旨記載の金額を支払え」
との支払督促を求める。

申立手続費用　　金　　　　　6,000　円
内　訳
　　申立手数料（印紙）　　　　　　2,000　円
　　支払督促正本送達費用（郵便切手）1,080　円
　　支払督促発付通知費用　　　　　　120　円
　　申立書作成及び提出費用　　　　　800　円
　　資格証明手数料　　　　　　　　2,000　円

平成○○年　○月　○日

住　　所　〒000-0000
（所在地）　東京都○○区○○1丁目1番1号
債権者氏名：　株式会社　バーチャル
（名称及び代表者の
資格・氏名）　代表者代表取締役　甲山太郎

　（電話：03-0000-0000　　　）
　（FAX：03-0000-0000　　　）　　　　　　㊞

東京　簡易裁判所　裁判所書記官　殿

価額　　　　　350,000　円
貼用印紙　　　　2,000　円
郵便切手　　　　1,200　円
葉書　　　　　　　　1　枚
添付書類　☑資格証明書　　　2　通
　　　　　□　　　　　　　　　　通
　　　　　□　　　　　　　　　　通

受付印

貼用印紙　　　　円
葉書　　　　　　枚
郵便切手　　　　円

当事者目録

<table>
<tr><td rowspan="2">債権者</td><td colspan="2">

住　　　所：〒000-0000
（所 在 地）　東京都〇〇区〇〇1丁目1番1号

氏　　　名：株式会社　バーチャル
（名称及び代表者の資格・氏名）　代表者代表取締役　甲山太郎

電　話：03-0000-0000
FAX：03-0000-0000
</td></tr>
<tr><td>送達場所等の届出</td><td>

債権者に対する書類の送達は次の場所に宛ててください。
☑上記の債権者住所
□債権者の勤務先
　名　　称：
　所在地：〒

　電話：
　FAX：
□その他の場所（債権者との関係：　　　　　　　　　　　　　）
　住所：〒

　電話：
　FAX：
　送達受取人：
</td></tr>
<tr><td rowspan="2">債務者</td><td colspan="2">

①住　　　所：〒000-0000
　（所 在 地）　東京都〇〇区〇〇2丁目2番2号

氏　　　名：株式会社　丙村商事
（名称及び代表者の資格・氏名）　代表者代表取締役　丙村五郎

電　話：03-0000-0000
FAX：03-0000-0000
</td></tr>
<tr><td colspan="2">

②住　　　所：〒
　（所 在 地）

氏　　　名：
（名称及び代表者の資格・氏名）

電　話：
FAX：
</td></tr>
</table>

第4章　商取引・契約をめぐるトラブル解決と書式

請求の趣旨及び原因

請求の趣旨

1　金　　　　　350,000 円
2　(☑上記金額、□上記金額の内金　　　　　　円) に対する
　　(☑支払督促送達日の翌日、□平成 ○○年 ○月 ○日)
　　から完済まで、年　○　%の割合による遅延損害金

3　金　　　　　6,000 円（申立手続費用）

請求の原因

1　(1) 契約日　平成 ○○年 ○月 ○日

　　(2) 契約内容　ホームページ作成の請負業を営む会社である債権者は、債務者丙山商事からの注文により債務者の間に次のとおりホームページ作成及びインストール請負契約を締結した。
　　　　　　　　・ホームページの作成
　　　　　　　　・インストール場所　　　債務者店舗内パソコン
　　　　　　　　・工期　　　　　　平成 ○○年 ○月 ○日
　　　　　　　　・請負代金　　　合計　金　350,000円
　　　　　　　　　（内訳）制作費　　　　金 300,000円
　　　　　　　　　　　　　インストール経費　金 50,000円
　　　　　　　　・支払期日　　　　平成 ○○年 ○月 ○日

2

代　金	支払済みの額	残　額
350,000円	0円	350,000円

第5章

職場をめぐるトラブル解決と書式

1 解雇予告手当を請求する

会社には、原則として解雇予告手当を支払う義務がある

どんな場合に解雇が認められるのか

　解雇とは、会社が会社の都合で社員との雇用契約を解除することです。この解雇によって大きな不利益を受ける労働者を保護するために、労働基準法などの法律は使用者の解雇を制限しています。会社は原則としていつでも自由にかつ一方的に労働者を解雇できないのです。

　たとえば、いくら不況だからといっても、それだけの理由では一方的に社員を解雇することはできません。判例も、会社側に正当な理由がない限り権利濫用となり、解雇は認められないとしています。

　会社は、①30日前までに解雇を予告をした場合、②社員側の責任による懲戒解雇の場合、③やむを得ない事情があって解雇する場合を除き、むやみに解雇できないことになっています。もし、予告なしに解雇する場合、会社側は30日分の平均賃金に相当する解雇予告手当を解雇する労働者に支払わなければなりません。

　しかし、この解雇予告手当の支払いがない場合は不当な解雇にあたりますので、解雇された労働者は解雇予告手当を請求できます。この支払いに関して、直接会社にかけあっても相手にしてくれない場合は、内容証明郵便で請求して会社側の出方をうかがってみるのもよいでしょう。それでも会社が支払いを拒否する場合は、労働時間等相談センターや労働基準監督署、労働委員会などの第三者機関に相談する必要があります。解雇予告手当は、労働基準法上、使用者に支払義務があり、解雇予告日もはっきりしていることが多いと思われますから、支払督促を利用して会社に請求するのがよいでしょう。

書式1　解雇予告手当のための支払督促申立書

支払督促申立書

解雇予告手当 請求事件

当事者の表示　　　　別紙当事者目録記載のとおり
請求の趣旨及び原因　別紙請求の趣旨及び原因記載のとおり

「債務者　　　は、　　　　　債権者に対し、請求の趣旨記載の金額を支払え」
との支払督促を求める。

申立手続費用　　金	5,500	円
内　訳		
申立手数料（印紙）	2,500	円
支払督促正本送達費用（郵便切手）	1,080	円
支払督促発付通知費用	120	円
申立書作成及び提出費用	800	円
資格証明手数料	1,000	円

平成 ○○ 年　○月　○日

住　所：〒000-0000
（所在地）　東京都○○区○○1丁目1番1号
債権者氏名：**甲山広子**
（名称及び代表者の
資格・氏名）

印

（電　話：03-0000-0000　　）
（FAX：03-0000-0000　　）

東京　簡易裁判所　裁判所書記官　殿

価額	435,000	円
貼用印紙	2,500	円
郵便切手	1,200	円
葉書	1	枚
添付書類	☑資格証明書　　1	通
	☐	通
	☐	通

受付印

貼用印紙		円
葉書		枚
郵便切手		円

第5章　職場をめぐるトラブル解決と書式

当事者目録

債権者		住　　所：〒000-0000 （所在地）　東京都○○区○○1丁目1番1号 氏　　名：甲山広子 （名称及び代表者の資格・氏名） 電　話：03-0000-0000 FAX：03-0000-0000
	送達場所等の届出	債権者に対する書類の送達は次の場所に宛ててください。 ☑上記の債権者住所 □債権者の勤務先 　名　　称： 　所在地：〒 　電話： 　FAX： □その他の場所（債権者との関係：　　　　　　） 　住所：〒 　電話： 　FAX： 　送達受取人：
債務者		①住　　所：〒000-0000 　（所在地）　東京都○○区○○2丁目2番2号 　氏　　名：株式会社乙川物産 　（名称及び代表者の資格・氏名）　代表者代表取締役　乙川次郎 　電　話：03-0000-0000 　FAX：03-0000-0000 ②住　　所：〒 　（所在地） 　氏　　名： 　（名称及び代表者の資格・氏名） 　電　話： 　FAX：

請求の趣旨及び原因

請求の趣旨

1　金　　　　435,000 円
2　(☑上記金額、□上記金額の内金　　　　　　　円) に対する
　　(□支払督促送達日の翌日、☑平成 22 年　7 月　22日)
　　から完済まで、年 **14.6**％の割合による遅延損害金

3　金　　　　5,500 円（申立手続費用）

請求の原因

1　(1) 雇用契約締結日　　　平成15年11月25日

　　(2) 労務の内容　　　　　平成15年12月1日付正社員として入社し、営業
　　　　　　　　　　　　　　部部長として顧客の新規開拓を行なう

　　(3) 賃金の内容　　　　　月給制
　　　　　　　　　　　　　　　基本給　　　300,000円
　　　　　　　　　　　　　　　役職手当　　100,000円
　　　　　　　　　　　　　　　営業手当　　 50,000円
　　　　　　　　　　　　　　　通勤手当　　 10,000円
　　　　　　　　　　　　　　　合　計　　　460,000円
　　　　　　　　　　　　　　　末日締　　翌月10日払

2　(1) 解雇予告日　　　　　平成22年7月20日
　　(2) 解雇日　　　　　　　平成22年7月21日
　　(3) 解雇予告日の翌日から解雇日までの日数　　1 日

3　(1) 平均賃金の計算期間　平成22年5月1日から平成22年7月31日まで
　　　　　　　　　　　　　　　　　総日数　92日
　　(2) 平均賃金の計算期間に支払われるべき賃金の総額　1,380,000円
　　(3) 平均賃金　1,380,000÷92＝15,000円
　　(4) 解雇手当の額　15,000円×29日＝435,000円

2 給料支払請求をする

会社が不当に給料を支払わないのであれば支払督促を申し立てる

賃金の性質を知る

「賃金」というと、「給料」そのものをさすと考えるのが一般的です。しかし、労働基準法上の賃金は給料だけでなく、広く「賃金、給料、手当、賞与その他名称の如何を問わず、労働の対償として使用者が労働者に支払うすべてのものをいう」とされています（11条）。

賃金には実際に行った労働の直接の対価だけでなく、家族手当、物価手当のように生計を補助する目的のものや、通勤手当のように労働の提供をよりよくさせるためのもの、また休業手当や年次有給休暇手当のように実際には労働しなくても法が支払いを義務づけているものも含まれます。

就業規則などに記載された基本給のほか、役職手当、時間外手当、精皆勤手当、家族手当、住宅手当も賃金にあたります。

また、賞与や退職金は、労働協約、就業規則、労働契約によってあらかじめ支給の条件が決められていれば、使用者に支払いが義務づけられることになるので賃金になります。

これに対して、結婚祝金、出産祝金、病気見舞金、災害見舞金、近親者死亡の際の弔慰金などの慶弔禍福の給付は、就業規則などに明確な支給条件が規定されていなければ、使用者が任意的、恩恵的に支給するものといえるので賃金ではありません。福利厚生の給付も同様です。

ノーワーク・ノーペイの原則がある

労働者は使用者に労働力を提供することによって、その見返りとして給与をもらうことができます。

そのため、体の具合が悪くてまる1日仕事を休んでしまったり、朝寝坊して仕事に遅れてしまったり、医者に行くために仕事を早めに切り上げて帰ったりした場合、その分の給与は支払われないのが原則です。これをノーワーク・ノーペイの原則といいます。

この原則によって、従業員が欠勤、遅刻、早退した場合、その部分の賃金を支払わないことが認められています。

　ノーワークなのに有給にすることが法律で義務づけられているのは、年次有給休暇だけです。生理休暇、産前産後休暇、慶弔休暇は会社に賃金の支払義務はありません。ただ、恩恵的に有給とする会社もあるようです。

　もし、労働した分の賃金が支払われないとか、聞いていた賃金の額と違うといったトラブルがあれば、遠慮せず会社の労務担当者に自分の賃金の算定基準などを尋ねるようにしましょう。

　こういったトラブルは、関係者同士の話し合いでの解決が最善です。しかし、トラブルが深刻な場合には、当事者同士の話し合いではなかなか解決がつかないこともあります。

　その場合、労働条件全般に関するものであれば、労働基準監督署に相談してみましょう。労働基準監督署では、解雇・賃金不払い・労働契約・退職金などをめぐるトラブルなどのさまざまな問題について相談することができます。

　それでも納得できないときは、訴訟などの法的手段を行使して未払い賃金を回収することになります。

■ 労働基準法で賃金（給与）とされているものの範囲

	賃金となるもの	賃金とならないもの
具体例	・結婚祝金などでも、労働契約、就業規則、労働協約などによってあらかじめ支給条件の明確なもの（例外） ・労働者の個人的吉凶禍福などでも、前例または慣例によってその支給が期待されている貨幣賃金の代わりに支給されるもの（例外）	・結婚祝金、死亡弔慰金、災害見舞金等の恩恵的給付（原則） ・会社の創立記念日または労働者の個人的吉凶禍福に対して支給されるもの（原則）
	・事業主の負担する労働者の税金、雇用保険料、社会保険料 ・スト妥結一時金 ・現物支給として労働者に渡す「通勤定期券」 ・労働基準法第26条の休業手当	・制服、作業衣など、業務上必要な被服の貸与 ・出張旅費 ・法定額を超えて支給される休業補償費 ・役職員交際費
	・店がその日に得たチップを仲居さんなどに分け与える場合（例外） ・仲居さんなどがチップだけで生活している場合（旅館などの設備を無償で使用）（例外）	・仲居さんなどが客から受けるチップ（原則） ・社宅の貸与、給食などの福利厚生施設（原則） ・福利厚生のために使用者が負担する生命保険料などの補助金

書式2　未払い賃金請求のための支払督促申立書

支払督促申立書

賃金（給料債権） 請求事件
当事者の表示　　　　　別紙当事者目録記載のとおり
請求の趣旨及び原因　　別紙請求の趣旨及び原因記載のとおり

　「債務者　　は、　　　　　　債権者に対し、請求の趣旨記載の金額を支払え」
との支払督促を求める。

申立手続費用　　　金　　　　　　3,500　円
内　　訳
　　　申立手数料（印紙）　　　　　　　　500　円
　　　支払督促正本送達費用（郵便切手）　1,080　円
　　　支払督促発付通知費用　　　　　　　120　円
　　　申立書作成及び提出費用　　　　　　800　円
　　　資格証明手数料　　　　　　　　　1,000　円

平成 ○○ 年　○ 月　○ 日

住　　　所：〒000−0000
（所 在 地）　東京都○○区○○1丁目1番1号
債権者氏名：　甲山広子
（名称及び代表者の
資格・氏名）

　　　　　　　　　　　　　　　　　　　　　㊞

　　（電　話：03−0000−0000　　　　）
　　（FAX：03−0000−0000　　　　）

　　東京　簡易裁判所　裁判所書記官　殿

価額　　　　　100,000　円
貼用印紙　　　　　 500　円
郵便切手　　　　 1,200　円
葉書　　　　　　　　 1　枚
添付書類　☑資格証明書　　　　1　通
　　　　　□　　　　　　　　　　通
　　　　　□　　　　　　　　　　通

受付印

貼用印紙	円
葉書	枚
郵便切手	円

166

当事者目録

債権者		住　　所：〒000-0000 （所在地）　東京都○○区○○１丁目１番１号 氏　　名：甲山広子 (名称及び代表者の 資格・氏名) 電　話：03-0000-0000 FAX：03-0000-0000
	送達場所等の届出	債権者に対する書類の送達は次の場所に宛ててください。 ☑上記の債権者住所 □債権者の勤務先 　名　　称： 　所在地：〒 　電話： 　ＦＡＸ： □その他の場所（債権者との関係：　　　　　　　　　） 　住所：〒 　電話： 　ＦＡＸ： 　送達受取人：
債務者		①住　　所：〒000-0000 　（所在地）　東京都○○区○○２丁目２番２号 　氏　　名：株式会社　乙川企画 (名称及び代表者の 資格・氏名)　代表者代表取締役　乙川次郎 　電　話：03-0000-0000 　FAX：03-0000-0000 ②住　　所：〒 　（所在地） 　氏　　名： (名称及び代表者の 資格・氏名) 　電話： 　FAX：

第5章　職場をめぐるトラブル解決と書式

請求の趣旨及び原因

請求の趣旨

1　金　　　　　100,000 円
2　(☑上記金額、□上記金額の内金　　　　　　　円) に対する
　　(□支払督促送達日の翌日、☑平成　○○年　○月　○日)
　　から完済まで、年　○ ％の割合による遅延損害金

3　金　　　　　3,500 円（申立手続費用）

請求の原因

1　(1) 契約日　　　平成 ○○ 年 ○月 ○日

　　(2) 契約内容　　①債務者を雇用主とする臨時雇用契約
　　　　　　　　　　②時給　　金　2,000円
　　　　　　　　　　③支払期限　臨時雇用の対象業務終了時

2　債権者は上記1の契約日から平成○○年○月○日まで1日5時間勤務した。

3

未払賃金の額	支払済みの額	残　　額
100,000円	0円	100,000円

3 残業手当を請求する

残業代の不払いを根拠づける資料を用意しておく

📝 明細書などの給料算定資料をとっておく

労働基準法は、使用者が労働者に対して、残業（時間外労働）、休日労働、深夜業をさせた場合には、割増賃金を支払わなければならないと規定しています。また、これに違反した場合、罰則があります。

そもそも残業は会社の指示によるものですから、残業代をもらえないのは不合理です。サービス残業を法律は認めていません。営業職で実際の労働時間の算定が難しい場合などでは、みなし労働時間という考え方が使われますが、この場合もサービス残業を認めているわけではありません。ただ、割増賃金に代えて一定額の手当がつけられている場合は話がちょっと違ってきます。

では、時間外労働手当や休日出勤手当が支払われない場合、どうしたらよいのでしょうか。まず、労働時間等相談センターや労働基準監督署へ相談に行くのがよいでしょう。労働基準監督署に申し立てた場合には、労働基準監督署は使用者に対する調査を実施し、支払いを勧告します。

他の人には残業代が支払われているのに、何らかの理由で、自分だけが賃金の支払いを受けていないという場合には問題です。個別労働あっせんや労働審判（解雇や賃金未払いといった個々の労働者と使用者の間のトラブルを原則として3回以内の審理で解決する裁判所の手続き）などの公的機関を通した話し合いでも問題が解決しない時には支払督促や訴訟といった法的手段も検討しなければなりません。訴訟などの法的手段を検討するためには、その裏づけとなる業務日報、タイムカードのコピー、給料明細書などの証拠を収集しておくことが不可欠です。

書式3 残業代請求のための支払督促申立書

支払督促申立書

　　残業手当　　　請求事件
当事者の表示　　　　別紙当事者目録記載のとおり
請求の趣旨及び原因　別紙請求の趣旨及び原因記載のとおり

　「債務者　　は、　　　　　債権者に対し、請求の趣旨記載の金額を支払え」
との支払督促を求める。

申立手続費用　　金　　　　　4,000　円
内　訳
　　申立手数料（印紙）　　　　　　　　1,000　円
　　支払督促正本送達費用（郵便切手）　1,080　円
　　支払督促発付通知費用　　　　　　　 120　円
　　申立書作成及び提出費用　　　　　　 800　円
　　資格証明手数料　　　　　　　　　　1,000　円

平成○○年　○月　○日

住　　所　〒000-0000
（所在地）　東京都○○区○○1丁目1番1号
債権者氏名：
（名称及び代表者の　**甲山広子**
資格・氏名）

　　　　　　　　　　　　　　　　　　　　　　㊞
（電話：03-0000-0000　　　　）
（FAX：03-0000-0000　　　　）

東京　簡易裁判所　裁判所書記官　殿

価額　　　　　136,710　円
貼用印紙　　　　1,000　円
郵便切手　　　　1,200　円
葉書　　　　　　　　 1　枚
添付書類　□資格証明書　　　1　通
　　　　　□　　　　　　　　　 通
　　　　　□　　　　　　　　　 通

受付印	
貼用印紙	円
葉書	枚
郵便切手	円

当事者目録

<table>
<tr><td rowspan="2">債権者</td><td colspan="2">
住　　所：〒000-0000
（所在地）　東京都〇〇区〇〇1丁目1番1号

氏　　名：甲山広子
(名称及び代表者の資格・氏名)

電　話：03-0000-0000
FAX：03-0000-0000
</td></tr>
<tr><td>送達場所等の届出</td><td>
債権者に対する書類の送達は次の場所に宛ててください。
☑上記の債権者住所
☐債権者の勤務先
　名　称：
　所在地：〒

　電話：
　FAX：
☐その他の場所（債権者との関係：　　　　　　　　　）
　住所：〒

　電話：
　FAX：
　送達受取人：
</td></tr>
<tr><td rowspan="2">債務者</td><td colspan="2">
①住　　所：〒000-0000
　（所在地）　東京都〇〇区〇〇2丁目2番2号

　氏　　名：株式会社　乙川物産
　(名称及び代表者の資格・氏名)　代表者代表取締役　乙川次郎

　電　話：03-0000-0000
　FAX：03-0000-0000

②住　　所：〒
　（所在地）

　氏　　名：
　(名称及び代表者の資格・氏名)

　電話：
　FAX：
</td></tr>
</table>

請求の趣旨及び原因

請求の趣旨

1 　金　　　　136,710 円
2 　(☑上記金額、□上記金額の内金　　　　　　　円）に対する
　　（□支払督促送達日の翌日、☑平成　○○年　○月　○日）
　　から完済まで、年　○　%の割合による遅延損害金

3 　金　　　　4,000 円（申立手続費用）

請求の原因

1 　(1) 契約日　　　　平成　○○年　○月　○日

　　(2) 契約内容　　　①債務者を雇用主とする雇用契約
　　　　　　　　　　　②賃金
　　　　　　　　　　　　基本給　　月額　200,000円
　　　　　　　　　　　　通勤手当　月額　7,900円
　　　　　　　　　　　③支払期限　毎月20日締め、25日支払い

2 　原告は、被告が経営する株式会社乙川物産に勤務する従業員であるが、
　　被告は、時間外勤務に対して手当を一切支給していない。

3 　労働基準法37条の規定により実際に行った残業手当を計算すると、
　　原告が平成○○年○月から○月までに行った法定内時間外労働45時間
　　及び法定外時間外労働45時間につき、下記のとおり金136,710円となる。

　　(1) 法定内時間外労働に対する残業手当
　　　　①　算定基礎賃金（月額）　　本給200,000円＋通勤手当（一律）
　　　　　　　　　　　　　　　　　　7,900円＝207,900円
　　　　②　年間所定労働日数　　　　264日
　　　　③　1日所定労働時間数　　　 7時間
　　　　④　残業手当単価　　　　　　①÷（264日×7時間÷12月）＝1,350円
　　　　⑤　残業手当の額　　　　　　④×45時間＝60,750円

　　(2) 法定外時間外労働に対する残業手当
　　　　⑥　残業手当単価　　　　　　④×125％＝1,688円
　　　　⑦　残業手当の額　　　　　　⑥×45時間＝75,960円

　　(3) 残業手当の合計額　　　　　　⑤＋⑦＝136,710円

4 退職金の支給を請求する

不当に退職金が支給されない場合には支払督促を利用する

📝 退職金規程がなくても退職金を請求できる場合がある

　社員が退職し会社との雇用契約が消滅した際に、何らかの形で退職金を支払う会社は多いと思います。会社から支払われる退職金にはいろいろな種類があります。退職手当、退職慰労金、退職年金などがそうです。しかし、労働基準法で定める就業規則に必ず規定しなければならない事項に退職金は入っておらず、退職金の支払いは法律上、必ずしも会社に義務づけられているものではないのです。

　労働協約や就業規則などに退職金規程があり、その支払いが明記されている場合には、退職した社員は退職金をもらう事ができます。

　また、就業規則に規程がなくても、退職金を出すことが社内慣行になっていたり過去に退職金が支払われたりしていた実績があれば、社員は退職金を支払うように会社に請求できます。

　実際にいくら退職金がもらえるかは、退職金規程を見ればよいのです。就業規則には、退職金規程が適用される社員の範囲や支給金額、支給時期、支給方法などが記載されています。在籍年数が長いとそれなりに支給金額が増えていくのが一般的なケースです。

　しかし、もらえないという場合には、必ずその理由を尋ねるようにしましょう。納得がいかない場合には、事前に、就業規則や過去に退職金支払いの実績があるかどうかなども調べた上で、労働組合や労使間の苦情処理委員会、労働基準監督署に相談するのがよいでしょう。

書式4 退職金請求のための支払督促申立書

支払督促申立書

退職金 請求事件

当事者の表示　　　別紙当事者目録記載のとおり
請求の趣旨及び原因　別紙請求の趣旨及び原因記載のとおり

「債務者　　は、　　　　　債権者に対し、請求の趣旨記載の金額を支払え」
との支払督促を求める。

申立手続費用　　金　　　　　4,500　円
内　訳
　　申立手数料（印紙）　　　　　　　1,500　円
　　支払督促正本送達費用（郵便切手）　1,080　円
　　支払督促発付通知費用　　　　　　　 120　円
　　申立書作成及び提出費用　　　　　　 800　円
　　資格証明手数料　　　　　　　　　 1,000　円

平成 ○○ 年　○ 月　○ 日

住　　所：〒000-0000
（所在地）東京都○○区○○1丁目1番1号

債権者氏名：
（名称及び代表者の
資格・氏名）　甲山広子

　　　　　　　　　　　　　　　　　　　㊞

（電　話：03-0000-0000　　）
（FAX：03-0000-0000　　）

東京　簡易裁判所　裁判所書記官　殿

価額　　　　　300,000　円
貼用印紙　　　　1,500　円
郵便切手　　　　1,200　円
葉書　　　　　　　　1　枚
添付書類　☑資格証明書　　　1　通
　　　　　□　　　　　　　　　　通
　　　　　□　　　　　　　　　　通

受付印	
貼用印紙	円
葉書	枚
郵便切手	円

当事者目録

債権者		住　　所：〒000-0000 （所在地）　東京都〇〇区〇〇1丁目1番1号 氏　　名：甲山広子 （名称及び代表者の 資格・氏名） 電話：03-0000-0000 FAX：03-0000-0000
	送達場所等の届出	債権者に対する書類の送達は次の場所に宛ててください。 ☑上記の債権者住所 □債権者の勤務先 　名　称： 　所在地：〒 　電話： 　FAX： □その他の場所（債権者との関係：　　　　　　　　　　） 　住所：〒 　電話： 　FAX： 　送達受取人：
債務者		①住　　所：〒000-0000 　（所在地）　東京都〇〇区〇〇2丁目2番2号 　氏　　名：株式会社　乙川物産 （名称及び代表者の　代表者代表取締役　乙川次郎 資格・氏名） 　電話：03-0000-0000 　FAX：03-0000-0000 ②住　　所：〒 　（所在地） 　氏　　名： （名称及び代表者の 資格・氏名） 　電話： 　FAX：

請求の趣旨及び原因

請求の趣旨

1　金　　　　　300,000 円
2　(☑上記金額、□上記金額の内金　　　　　　　　　円) に対する
　　(□支払督促送達日の翌日、☑平成　○○年　○月　○日)
　　から完済まで、年　○　％の割合による遅延損害金

3　金　　　　　4,500 円（申立手続費用）

請求の原因

1　(1)　労働契約日　　平成 ○○ 年 ○月 ○日

　　(2)　勤務時間　　　平成○○年 ○月 ○日～平成 ○○年 ○月 ○日
　　　　　　　　　　　　（4年間）

　　(3)　退職金支給規程（就業規則）
　　　　　「勤続年数3年以上5年未満の者の退職については、退職手当として
　　　　　退職時の基本給の1か月分を支給する」
　　　　　（債権者の退職時の基本給、月30万円）

2　退職日　　　　　平成 ○○ 年 ○月 ○日

3

退職金	支払済みの額	残　額
300,000円 （基本給30万円 ×1か月分）	0円	300,000円

第6章

賃料・敷金・マンション
管理費をめぐる
トラブル解決と書式

1 借家契約の公正証書の作り方

後々のトラブルを防ぐためには公正証書にするのが有効といえる

借家契約では借地借家法が適用される

　借家契約とは、建物の賃貸借契約のことです。借家契約においては、家賃、賃貸の目的、契約期間、転貸の有無といった事情を規定しておくことが重要です。借家契約は長期間に渡るものですから、貸主と借主の間の双方の信頼関係を基礎として成立します。

　建物の貸主は、借主に建物を使用させる義務を負います。ここから、借主が建物を使用収益するのに適した状態におかなければならないという貸主の義務がでてきます。貸主には、目的物の使用収益に必要な修繕をする義務、借主が支出した必要費（賃貸借の目的物を維持・管理するために必要な費用）を負担する義務があります。借主は、賃料を支払い、契約で定めた用法に従って善良な管理者としての注意（借主として通常期待されている程度の一般的な注意義務のこと）をもって使用しなければなりません。

　借家契約については、借主を保護するため、民法に優先して借地借家法が適用されます。

① 借家契約の存続期間

　借家契約の存続期間については、法律上は貸主と借主の間で自由に決めることができるという建前がとられています。そして、1年未満の期間で契約した場合には、存続期間の定めがない契約とみなされます。

② 借家契約の更新

　借主を保護するために借家契約は更新されやすいようになっています。契約上の存続期間が満了しても、期間終了の6か月前までに貸主から借主に更新拒絶の通知をしないと、従前の契約と同一の条件で更新したものとみなされます。貸主が更新を拒絶するには貸主の側に正当な事由があることが必要です。正当事由の判断は、借主に不利にならないように、建物を使用することが必要であるといった事情を中心に考慮され、「従前の経過」や、「建物の利用状況や現況」も考慮されます。

従前の経過とは、期間の満了を迎えた建物賃貸借の、契約成立時から期間満了時までのことです。具体的には、賃料の支払状況や当事者の関係といった事情が考慮されることになります。貸主が立退料の支払いを申し出たときは、立退料も正当事由の判断に加味します。

③　借家契約を主張する条件

　借主が、借家契約の存在を第三者に主張するには、本来なら賃借権そのものを登記することが必要ですが、この登記は貸主の協力がないとできないので、実際にはあまり行われていません。そこで、借地借家法により、賃借権の登記をしていなくても、借主が建物の引渡しを受けて居住していれば、第三者にも借家権を主張できるというしくみがとられています。

借家契約の公正証書を作成する上での注意点

　借家契約の公正証書を作成する上の注意点は以下の通りです。

・借地借家法の規定に反する条項を置かない

　前述したように、賃貸借契約については借地借家法で借主の保護が図られています。これらの規定に反する、不当に借主を不利に扱う条項（たとえば、貸主からの更新拒絶の申入れを拒否できない旨を定める条項）を公正証書に定めても無効ですので注意しなければなりません。

・敷金、保証金についての定め

　借家契約では、入居にあたって敷金、保証金、建設協力金といった名目の金銭を差し入れるのが通常です。これらの金銭は契約終了時に返還されるものもありますから、返還の有無・返還される金額・返還方法について必ず契約内容に盛り込み、公正証書に記載しておくことが大切です。

・執行認諾約款の規定

　借主が賃料債務の支払いなどを履行しない場合には、借主や保証人に対して強制執行の手続きに円滑に移行できるよう、執行認諾約款をつけておくのがよいでしょう。

・規則や規約の遵守

　マンションの賃貸など、借家の使用にあたって管理規約や規則が存在する場合には、管理規約や規則を遵守すべきことを記載しておきます。

書式1　建物賃貸借契約公正証書

建物賃貸借契約書

　本公証人は、当事者の嘱託により、その法律行為に関する陳述の趣旨を録取し、この証書を作成する。

第1条（目的） 貸主〇〇〇〇（以下「甲」という）は、借主〇〇〇〇（以下「乙」という）に対して、〇〇〇〇（以下「丙」という）を乙の連帯保証人にして、下記の建物（以下「本件物件」という）を賃貸し、乙は居住の目的に使用するため、本件物件を賃借することを約束する。

記

　所　　在　東京都〇〇区〇〇×丁目××番地×
　家屋番号　〇〇番〇
　構　　造　木造瓦葺2階建て
　床 面 積　〇〇.〇〇㎡

第2条（賃料） 本契約の賃料は、1か月金〇〇〇〇円とし、毎月末日限り翌月分を、甲の指定する下記の銀行口座に振り込んで支払うものとする。

記

　（賃料振込口座）　〇〇銀行〇〇支店普通口座〇〇〇〇〇〇
　　　　　　口座名義人　〇〇〇〇

第3条（期間） 本契約の期間はこれを定めない。

第4条（敷金） 乙は甲に対し、敷金として、賃料の〇か月分を支払い、甲はこれを無利息で預るものとする。

2　本契約終了後、乙から本件建物の明渡しを受けると同時に、甲は乙より預かっている敷金の残額を乙に返還する。

3　敷金が不足した場合は、甲は乙に対してこれを請求することができ、乙は遅滞なく不足分を充当しなければならない。

第5条（賃料の改定）第2条の賃料は、本件物件の公租公課、土地もしくは建物の価格その他経済事情の変動、又は、近隣の建物賃料相場に照らして不相当となった場合には、甲は乙に対してその改定を請求することができる。

第6条（負担）甲は、本件物件の公租公課及び本件物件の維持、保全にかかる費用を負担する。

2　乙は、その使用によって生ずる水道、電気およびガスの使用料など、ライフラインに関する費用その他通常の使用により生じる費用および、畳の表替え、建具の張替えなど本件物件の通常の使用による消耗の補修ならびに小規模の修繕費用を負担する。

第7条（禁止事項）甲は、甲の文書による同意なくして、乙が以下の各号に掲げる行為をすることを禁止する。
① 本件物件の賃借権を第三者に譲渡し、もしくは本件物件を転貸すること
② 本件物件を増改築、造作の設置をすること

第8条（解約の申入れ）甲または乙双方は、相手方に対して書面により本契約の解除を申し入れることができる。

2　前項の解約の申し入れの書面を相手方が受領した日から次の期間が経過したときに、本契約は終了する。
① 甲から乙に解約を申し入れた場合　　6か月
② 乙から甲に解約を申し入れた場合　　3か月

第9条（解約事由）甲は、乙が以下の各号に掲げる事項の1つ以上に該当したときは、催告をしなくとも本契約を解除することができ、これによって損害が生じた場合には、その賠償を請求することができる。
① 第3条の賃料支払いが3か月分以上遅延したとき
② 本契約の各条項に違反したとき

第10条（明渡し、造作買取請求権）乙は、本件物件を甲に明け渡すときは、自らが施した造作ならびに乙の所有する物件はすべて収

去し、原状に復して甲に返還する。
2　前項の履行を確保するため、明渡しには甲の立会いを求めるものとする。
3　第1項にかかわらず、本件物件内に乙の所有または占有していた物件が残った場合には、乙はその権利を放棄したものとみなし、甲はこれを処分することができる。
4　乙は、本契約終了の後、本件建物の明渡しが完了しない場合には、本契約終了日から明渡し完了までの期間、第3条に定める賃料の倍額を日割にて支払う。

第11条（損害賠償）乙又は本件物件に居住する者の故意又は過失によって本件物件を滅失又は毀損した場合は、乙はその損害を賠償する義務を負う。

第12条（連帯保証人）丙を本件賃貸借契約の連帯保証人とし、丙は、本件賃貸借契約による乙の一切の債務を保証し、乙と連帯して履行の責を負う。

第13条（誠心誠意条項）甲及び乙は、本契約に定めのない事項または本契約に疑義を生じたときは、信義誠実の原則によって双方協議して解決するものとする。

第14条（執行認諾約款）乙および丙は、本契約上の金銭債務を履行しないときは、直ちに強制執行に服するものとする。

第15条（公正証書の作成）甲および乙は、本契約の内容につき、公正証書を作成することに合意し、公正証書の作成にかかる費用については、甲乙は折半により負担するものとする。

第16条（合意管轄裁判所）甲及び乙は、本契約にかかる紛争は、甲の住所地を管轄する地方裁判所を第一審の管轄裁判所とすることに合意した。

以上

本旨外要件

住　　所　　　〇〇県〇〇市〇〇町〇丁目〇番〇号
職　　業　　　会社員
賃貸人　　　　〇〇〇〇　　㊞

　　　　　　　昭和○○年○月○日生
　上記の者は印鑑証明書を提出させてその人違いでないことを証明させた。
　　住　　所　　　○○県○○市○○町○丁目○番○号
　　職　　業　　　会社員
　　賃借人　　　　○○○○　㊞
　　　　　　　昭和○○年○月○日生
　上記の者は印鑑証明書を提出させてその人違いでないことを証明させた。
　　住　　所　　　○○県○○市○○町○丁目○番○号
　　職　　業　　　自営業
　　連帯保証人　　○○○○　㊞
　　　　　　　昭和○○年○月○日生
　上記の者は印鑑証明書を提出させてその人違いでないことを証明させた。
　上記列席者に閲覧させたところ、各自その内容の正確なことを承認し、次に署名・押印する。
　　　　　　　　　　　　　　　　　　　○○○○　㊞
　　　　　　　　　　　　　　　　　　　○○○○　㊞
　　　　　　　　　　　　　　　　　　　○○○○　㊞
　この証書は、平成○○年○月○日、本公証役場において作成し、次に署名・押印する。
　　　　　　　　　　　○○県○○市○○町○丁目○番○号
　　　　　　　　　　　○○法務局所属
　　　　　　　　　　　公証人　　○○○○　㊞

　この正本は、平成○○年○月○日、賃貸人○○○○の請求により本職の役場において作成した。
　　　　　　　　　　　○○法務局所属
　　　　　　　　　　　公証人　　○○○○　㊞

2 定期建物賃貸借契約の公正証書の作り方

更新がないことを明確にしておくのがよい

定期借家権について

借地借家法では、更新のない建物賃貸借が認められています。これを定期借家契約といいます。たとえば、3年間の海外勤務の間だけ自宅を他人に貸したいとか、古くなった建物を取り壊すまでの間だけ貸したい、という場合に定期建物賃貸借契約が利用されます。

定期建物賃貸借契約においては、①賃貸人はあらかじめ賃借人に対して、②更新がないこと、③期間満了によって契約が終了することを明記した書面を交付して説明しなければなりません。賃貸人が説明を怠った場合には、定期建物賃貸借としては無効となり、通常の建物賃貸借となります。

定期建物賃貸借契約の公正証書を作成する上での注意点

定期建物賃貸借契約は書面で作成しなければなりませんが、法律上は公正証書で作成することまでは要求されていません。ただ、定期建物賃貸借契約は更新せずに、建物を返還してもらうわけですから、公正証書にして、契約書の原本を公証役場に保管しておいてもらうのがよいでしょう。

定期建物賃貸借契約の公正証書を作成する上では以下の点に注意します。

・更新がない旨の記載

多くの場合、定期建物賃貸借契約を結ぶ目的は更新をせずに明け渡してもらうことにありますから、更新・立退きをめぐるトラブルを避けるために、公正証書にも「更新がない」ことを明記します。186ページの書式では、第4条に記載しています。

・執行認諾約款を置き、確実に賃料を回収できるようにする

公正証書は執行認諾約款があれば債務名義（240ページ）となるので、貸主は、賃貸借契約書を公正証書にすることで、借主が家賃を支払わない場合には、訴訟をすることなく、借主に対して強制執行を行い、家賃を回収することができます。そのため、公正証書には執行認諾約款を置くようにします。

契約期間終了時の通知について規定する

　定期建物賃貸借契約は、契約期間については制限がありませんが、期間が1年以上の場合は、賃貸人は期間満了の1年前から6か月前までの間に賃借人に対して期間満了によって契約が終了する旨を通知しなければなりません。書式では、第3条第2項にこの通知義務についての定めが置かれています。通知を怠った場合には、契約が終了することを賃借人に主張することができなくなります。

　もっとも、通知期間を経過した後に通知をした場合には、その通知の日から6か月を経過した後に契約が終了します。本例でも、第3条第3項にその旨が規定されています。

　実際に通知を行う場合には、以下のような書面で通知することになります。

■ 定期建物賃貸借契約終了についての通知

定期建物賃貸借契約終了についての通知

　　　　　　　　　　　　　　　　平成○○年　　○月　　○日
借主（住所）　○○県○○市○○町1-1-1
　　（氏名）　　　　　　　　様

下記物件について　　　年　　月　　日に期間の満了により定期建物賃貸借契約が終了しますので、契約書第○条の規定に基づき、あらかじめご通知申し上げます。

　　　　　　　　　　　　　　記

名　称	○○アパート		
所 在 地	○○県○○市○○町1-1-1		
住戸番号	○○○○番	種　類	○○
構　造	○○○○	床面積	○○.○○

従いまして、本件建物を現状に復した上で、お明け渡しいただけますようにお願い申し上げます。

平成○○年　　○月　　○日
　　　　　　　　　住所　○○県○○市○○町2-2-2
　　　　　　　　　賃貸人　　　××××　　　　印

書式2　定期建物賃貸借契約公正証書

定期建物賃貸借契約書

　本公証人は、当事者の嘱託により、その法律行為に関する陳述の趣旨を録取し、この証書を作成する。

第1条（本契約の目的） 貸主○○住建株式会社（以下「甲」という）は、借主○○○○（以下「乙」という）に対して、下記の建物を賃貸し、乙はこれを借り受け、以下の条項により借地借家法第38条に規定する定期建物賃貸借契約（以下「本契約」という）を締結する。

記

　所　　在　東京都○○区○○×丁目××番地×
　家屋番号　○○番○
　構　　造　木造瓦葺2階建て
　床 面 積　○○.○○㎡

第2条（使用目的） 乙は、居住を目的として本件契約を使用する。

第3条（契約期間） 契約期間は平成○○年○月○日から平成○○年○月○日までの○年間とする。

2　前項において、その期間満了の6か月前に、甲は乙に対して、期間の満了により賃貸借が終了する旨を書面によって通知するものとする。

3　前項の場合において、甲が通知期間の経過後、乙に対し、期間の満了により賃貸借が満了する旨の通知を行った場合には、その通知を行った日を起算日として、その日から6か月の経過をもって、賃貸借は終了する。

第4条（本契約期間の更新の有無） 本契約は、前条の期間の終了に

よりその効力を失い、更新しないこととする。

2　前条と異なる方法により、甲乙協議の上、本契約の終了の翌日を起算日とする新たな賃貸借契約を行うことを妨げない。

第5条（賃料と支払方法等）　賃料は月額○○万円とする。

2　乙は、毎月○日までにその翌月分の賃料を甲のあらかじめ指定する銀行口座に振り込んで支払うものとする。なお、甲の住所地に持参することを妨げない。

3　1か月に満たない期間の賃料は、1か月を30日として日割計算した額とする。

4　前項の規定にかかわらず、賃料が、公租公課の増減により、不動産の価格の上昇もしくは低下その他の経済事情の変動により、または、本件契約の近傍類似の物件と比較して不相当となったときは、甲または乙は、将来に向かってその増減を請求することができる。

第6条（敷金）　乙は本契約に関して生ずる乙の債務を担保するため、本契約の成立と同時に、甲に対し敷金として金○○万円を預託する。

2　本契約の終了に伴い、乙が、本件契約を原状に復して明け渡した場合において、甲は本契約に基づいて生じた乙の債務で未払いのものがあるときは、敷金から未払債務額を差し引いて乙に返還する。返還すべき金銭には利息を付さない。

3　乙は、本件契約を原状に復して甲に明け渡すまでの間、敷金返還請求権をもって甲に対する賃料その他の債務と相殺することができない。

第7条（賃借権の譲渡・転貸・原状変更等）　乙は、次の場合には、甲の書面による承諾を得なければならない。

　①　名義、形式のいかんを問わず、第三者に、本件賃借権を譲渡し、または本件契約を転貸するとき

　②　本件マンションの模様替え、造作、その他の原状を変更するとき

第8条（契約の解除）　甲は、乙が以下の各号に掲げる事項に該当したときは、本契約を解除することができる。

　①　第5条に定める賃料の支払を3か月分以上遅延したとき

② その他本契約に違反したとき

第9条（明渡し）乙は、本契約が終了する日までに、本件契約を明け渡さなければならない。この場合において、乙は、本件契約を原状に復しなければならない。

2　乙は、前項の明渡しをするときには、明渡日を事前に甲に書面にて通知しなければならない。

3　甲および乙は、第1項にもとづき乙が行う原状回復の内容および方法について双方がこれを協議するものとする。

第10条（再契約）甲は、再契約の意向があるときは、第3条第2項に規定する通知の書面に、その旨を付記しなければならない。

第11条（連帯保証）連帯保証人〇〇〇〇（以下「丙」という）は、本件契約に基づき乙が甲に対して負担する一切の債務につき、乙と連帯して履行の責に任ずる。

第12条（執行認諾約款）乙および丙は、本契約上の金銭債務を履行しないときは、直ちに強制執行に服するものとする。

第13条（公正証書の作成）甲および乙は、本契約の内容につき、公正証書を作成することに合意し、公正証書の作成にかかる費用については、甲乙は折半により負担するものとする。

第14条（協議）甲および乙は、本件契約書に定めがない事項および契約書の条項の解釈について疑義が生じた場合は、民法その他の法令および慣行に従い、誠意をもって協議し、解決するものとする。

以上

本旨外要件

住　　所　　　〇〇県〇〇市〇〇町〇丁目〇番〇号
賃貸人　　　　〇〇住建株式会社
住　　所　　　〇〇県〇〇市〇〇町〇丁目〇番〇号
上代表取締役　〇〇〇〇　㊞
　　　　　　　昭和〇〇年〇月〇日生

上記の者は印鑑証明書を提出させてその人違いでないことを証明させた。

住　　所　　　〇〇県〇〇市〇〇町〇丁目〇番〇号

職　業　　　会社員
　賃借人　　　〇〇〇〇　　㊞
　　　　　　　昭和〇〇年〇月〇日生
　上記の者は印鑑証明書を提出させてその人違いでないことを証明させた。
　住　所　　　〇〇県〇〇市〇〇町〇丁目〇番〇号
　職　業　　　会社員
　連帯保証人　〇〇〇〇　　㊞
　　　　　　　昭和〇〇年〇月〇日生
　上記の者は印鑑証明書を提出させてその人違いでないことを証明させた。
　上記列席者に閲覧させたところ、各自その内容の正確なことを承認し、次に署名・押印する。
　　　　　　　　　　　　　　　　　　　　〇〇〇〇　㊞
　　　　　　　　　　　　　　　　　　　　〇〇〇〇　㊞
　　　　　　　　　　　　　　　　　　　　〇〇〇〇　㊞

　この証書は、平成〇〇年〇月〇日、本公証役場において作成し、次に署名・押印する。
　　　　　　　　〇〇県〇〇市〇〇町〇丁目〇番〇号
　　　　　　　　　〇〇法務局所属
　　　　　　　　　公証人　　〇〇〇〇　㊞

――――――――――――――――――――――――――――

　この正本は、平成〇〇年〇月〇日、賃貸人〇〇〇〇の請求により本職の役場において作成した。
　　　　　　　　　〇〇法務局所属
　　　　　　　　　公証人　　〇〇〇〇　㊞

3 借地契約の公正証書の作り方

借地契約の期間が長期にわたることが多いので公正証書のニーズは高い

借地契約とはどのような契約なのか

　借地契約とは、建物の所有を目的とする土地の賃貸借または地上権の設定です。建物の所有を目的とする土地の賃借権または地上権（工作物または竹木の所有を目的として土地に設定される権利のことで、賃借権よりも借主にとって強力な点が多いのが特徴）のことを借地権といいます。

　借地借家法では、借地人を保護することを目的として民法よりも有利な規定をもうけています。

① 借地権の存続期間

　民法の賃貸借契約の規定をそのまま適用すると、契約の存続期間が短くなってしまうため、借地借家法では借地権の存続期間は30年としています。

　また、契約期間が満了した場合は契約を更新することも可能ですが、更新後の期間は最初の更新の場合は20年、2回目以降の更新の場合は10年となります。これらの期間は、契約でこれより長い期間にすることも可能です。

② 期間の満了と更新

　借地権の存続期間が満了しても、借地上に建物がある場合は、借地人が契約の更新を請求したとき、あるいは借地人が継続して土地を使用しているときは、前の契約と同一の条件で契約を更新したものとみなされます。地主が更新を拒絶するためには、正当の事由がなければなりません。

③ 借地権を主張する条件

　借地権が存在していることを借地契約関係のない第三者に主張するには、本来ならば借地権の登記が必要です。しかし、借地権の登記をするためには貸主の協力が必要とされているので、実際には困難です。そこで借地借家法では、土地の賃借権について登記がなくても、借地上に建物を建てて借地人名義で「建物の登記」をしていると、借地権を第三者にも主張できるようにしています。

④　建物買取請求権

　契約期限がきて土地を返さなければならないが、借地上に建物が残っている場合や、地主が借地権の譲渡や転貸（又貸し）を承諾してくれない場合には、借地人は地主に対して建物の買取りを請求できます。

借地契約の公正証書を作成する上での注意点

　一般的な借地権設定契約については、法律上は公正証書で作成することが義務とはされていません。

　ただ、借地契約は前述した通り存続期間が最低30年とされており、一度締結すると、長い期間にわたって契約関係が継続します。契約期間中の当事者の死亡、事情の変更といった事態も当然想定できるわけです。

　十数年後に賃料や契約期間についてトラブルが生じる可能性も十分有り得るわけですから、借地契約を締結するにあたっては、原本を保管してくれる公証役場で公正証書を作成するべきといえるでしょう。

　借地契約の公正証書を作成する上での注意点は以下のとおりです。

・執行認諾約款の規定

　借主が地代の支払いなどを履行しない場合には、借主や保証人に対して強制執行の手続きに円滑に移行できるよう、執行認諾約款をつけておくのがよいでしょう。

・用意しておく書類

　取引の目的となる土地を正確に表示する必要があるので、法務局（登記所）に行き、目的土地についての不動産登記事項証明書を用意しておくとよいでしょう。また、土地の一部だけを賃貸する場合には、その部分を正確に示す図面を容易しておく必要があります。

書式3　借地契約公正証書

土地賃貸借契約公正証書

　本公証人は、当事者の嘱託により、その法律行為に関する陳述の趣旨を録取し、この証書を作成する。

第1条（契約の目的） 貸主〇〇〇〇（以下「甲」という）は、借主（以下「乙」という）に対して、〇〇〇〇（以下「丙」という）を連帯保証人として、下記の土地を賃貸し、乙は、建物所有のみを目的としてこれを借り受ける。

記

所　　在　東京都〇〇区××〇丁目
地　　番　〇〇番〇
地　　目　〇〇
地　　積　〇〇.〇〇㎡

第2条（存続期間） 本件賃貸借の存続期間は平成〇〇年〇月〇日から平成〇〇年〇月〇日までの〇〇年間とする。

第3条（賃料） 乙は、甲に対して、本件土地の賃料として、月額〇〇万円を、毎月末日までに、その翌月分を甲が指定する銀行口座に振り込むものとする。

第4条（保証金） 乙は、甲に対し、延滞賃料その他本契約に関して生ずる乙の債務を担保するため、保証金として金〇〇万円を交付する。

2　乙は、保証金返還請求権と甲に対する債務とを相殺することができない。

3　本契約の終了により、乙が本件土地を甲に返還した場合において、甲は、保証金から未払い債務額を差し引いた上で、乙に返還する。この場合、返還すべき金銭には利息を付さない。

4　乙は、保証金返還請求権を第三者に譲渡し、または担保に供してはならない。

第5条（増改築等）乙は、本件建物を増改築することができない。ただし、甲の書面による承諾がある場合はこの限りではない。

第6条（賃借権の譲渡・転貸）乙は、本件賃借権を第三者に譲渡し、または本件土地を転貸することができない。ただし、甲の書面による承諾がある場合はこの限りではない。

第7条（契約の解除）乙が以下のいずれかにあたる行為をした場合には、甲は、直ちに本契約を解除することができる。
① 賃料の支払いを3か月以上滞納したとき
② 甲に無断で、本件建物を増改築したとき
③ 甲に無断で、本件賃借権を譲渡・転貸したとき
④ その他本契約の規定に反する行為をしたとき

第8条（原状回復義務）本契約が終了したときは、乙は、自己の費用で本件土地を原状に復し、これを甲に返還しなければならない。

2　前項の土地の返還が遅延した場合には、乙は、甲に対し、遅延した期間に応じて、賃料の〇倍に相当する額の遅延損害金を支払わなければならない。

第9条（更新）本契約は、甲乙の協議により、更新することができる。

2　更新する場合の賃貸借期間は、最初の更新については、更新の日から〇〇年間とし、その後の更新については〇〇年間とする。

3　本契約を更新する場合は、乙は甲に対し、更新後の新賃料の〇か月分を更新料として支払う。

第10条（連帯保証人）丙は、本契約に基づいて生ずる乙の債務について、乙と連帯して支払う義務を負う。

第11条（執行認諾約款）乙および丙は、本契約上の金銭債務を履行しないときは、直ちに強制執行に服するものとする。

第12条（公正証書の作成）甲および乙は、本契約の内容につき、公正証書を作成することに合意し、公正証書の作成にかかる費用については、甲乙は折半により負担するものとする。

第13条（協議）本契約に定めのない事項については、甲乙は、誠意

をもって協議し、解決することとする。

第14条（管轄裁判所） 本契約に関して生じた紛争については、甲の住所地を管轄する地方裁判所を第一審の専属的管轄裁判所とする。

以上

本旨外要件

住　所　　　東京都〇〇区××〇丁目〇番〇号
職　業　　　会社員
賃貸人　　　〇〇〇〇　㊞
　　　　　　昭和〇〇年〇月〇日生

　上記の者は印鑑証明書を提出させてその人違いでないことを証明させた。

住　所　　　東京都〇〇区××〇丁目〇番〇号
職　業　　　公務員
賃借人　　　〇〇〇〇　㊞
　　　　　　昭和〇〇年〇月〇日生

　上記の者は印鑑証明書を提出させてその人違いでないことを証明させた。

住　所　　　東京都〇〇区××〇丁目〇番〇号
職　業　　　自営業
連帯保証人　〇〇〇〇　㊞
　　　　　　昭和〇〇年〇月〇日生

　上記の者は印鑑証明書を提出させてその人違いでないことを証明させた。

　上記列席者に閲覧させたところ、各自その内容の正確なことを承認し、次に署名・押印する。

　　　　　　　　　　　　　　　　　　　　〇〇〇〇　㊞
　　　　　　　　　　　　　　　　　　　　〇〇〇〇　㊞
　　　　　　　　　　　　　　　　　　　　〇〇〇〇　㊞

　この証書は、平成〇〇年〇月〇日、本公証役場において作成し、次に署名・押印する。

　　　　　　　　〇〇県〇〇市〇〇町〇丁目〇番〇号
　　　　　　　　　〇〇法務局所属
　　　　　　　　　　　公証人　　〇〇〇〇　㊞

―――――――――――――――――――――――――――――

　この正本は、平成〇〇年〇月〇日、賃貸人〇〇〇〇の請求により本職の役場において作成した。

　　　　　　　　　〇〇法務局所属
　　　　　　　　　　　公証人　　〇〇〇〇　㊞

4 定期借地契約の公正証書の作り方

契約の更新や建物買収請求権がないことを規定しておく

📝 定期借地権とはどのような契約なのか

　定期借地権とは、原則として更新の認められない借地権のことです。期間の終了によって確実に返還されるので、借地の利用の幅を拡げる効果があります。定期借地権には一般定期借地権、居住用ではなく事業用の建物の賃貸を目的とする事業用定期借地権、期限終了の際に地主に建物を譲渡する特約をつける建物譲渡特約付定期借地権という3種類の制度があります。

　一般定期借地権を設定する場合には、契約期間は50年以上であることが必要です。50年に満たない期間を定めた場合には、通常の借地権としての効力が認められることになります。

　また、事業用定期借地権を設定する場合には、その契約書は必ず公正証書で作成しなければなりません（借地借家法23条）。

📝 一般定期借地権設定契約を公正証書で作成する上での注意点

　本書では、次ページ以下に一般定期借地権の契約書の公正証書を掲載します。一般定期借地権の公正証書を作成する上での注意点は以下の通りです。

・契約の更新、建物買取請求権の排除についての定め

　一般定期借地権は、契約の更新、建物再築による存続期間の延長がなく、特約で契約終了時の借地人からの建物買取請求（契約終了時に借地人が貸主に対して、借地上に建てた建物の買取りを求めることができる権利のこと）も排除することができます。

　建物買取請求を排除する特約を定める場合にはその特約は公正証書などの書面で作成することが求められています。更新がない契約とはいえ、存続期間は「50年以上」ですからトラブルを防ぐため公正証書で作成するのがよいでしょう。

書式4　一般定期借地権設定契約公正証書

定期借地権設定契約書

　本公証人は、当事者の嘱託により、その法律行為に関する陳述の趣旨を録取し、この証書を作成する。

第1条（定期借地権の設定） 貸主〇〇〇〇（以下「甲」という）は、借主（以下「乙」という）に対して、下記の土地を賃貸し、乙は、建物所有のみを目的としてこれを借り受け、以下の条項により借地借家法第22条に規定する定期借地権設定契約（以下「本契約」という）を締結する。

記

　　所　　　在　東京都〇〇区××〇丁目
　　地　　　番　〇〇番〇
　　地　　　目　〇〇
　　地　　　積　〇〇.〇〇㎡

第2条（賃貸借期間と更新） 賃貸借期間は、平成〇〇年〇月〇日から平成〇〇年〇月〇日までの50年間とする。
2　本契約は、これを更新しないものとする。前項の期間が満了する場合およびその期間が満了した後、乙が本件土地の使用を継続する場合にも、乙は契約の更新を請求することができない。
3　前項において、その期間満了6か月前につき、乙に対して、甲は、期間の満了により賃貸借が終了する旨を書面によって通知するものとする。

第3条（賃料と支払方法） 賃料は1か月、金〇〇万円とする。
2　乙は、毎月〇日までに翌月分を甲の指定する銀行口座に送金してこれを行う。ただし、甲の住所地に持参することを妨げない。

第4条（賃料の増額請求）前条の場合において、賃料が経済事情の変動、公租公課の増額、近隣の賃料との比較等により、不適当となったときは、甲は、契約期間中であっても、賃料の増額の請求をすることができる。

第5条（借地権の譲渡等）乙は、書面によって甲の承諾を得ずに、本件借地権を譲渡し、または本件土地を転貸してはならない。

第6条（契約の解除）甲は、乙が次の各号の一に該当したときは、直ちに本契約を解除することができる。

① 第3条に定める賃料の支払を3か月分以上遅延したとき
② その他本契約に違反したとき

2　前項の事由において甲につき、損害が生じた場合には、乙は甲に対し、損害賠償責任を負うこととする。

第7条（建物再築）第2条の期間の満了前に、本件建物が滅失した場合は、たとえ乙が新たに建物を築造したときでも、本契約は期間満了により当然に終了するものとする。

第8条（契約終了における明渡し）乙は、本契約が終了したときは、直ちに本件土地を原状に復して甲に明け渡さなければならない。

2　乙は、本契約が終了した場合において、前項の明渡しが完了するまでの間、日額〇〇〇〇円の損害金を支払うこととする。

第9条（建物買取請求の禁止）乙は、甲に対し、本契約終了のときに、本件建物その他の乙における土地に付属せしめた物の買取りを求めることを行ってはならない。

第10条（立退料請求の禁止）乙は、本件土地の明渡しの際に、甲に対し、移転料その他の名目で、これに類する一切の金銭上の請求をしてはならない。

第11条（執行認諾約款）乙は、本契約上の金銭債務を履行しないときは、直ちに強制執行に服するものとする。

第12条（公正証書の作成）甲および乙は、本契約の内容につき、公正証書を作成することに合意し、公正証書の作成にかかる費用については、甲乙は折半により負担するものとする。

第13条（協議事由）当契約書に定めのない事項は、甲乙、協議の上、

別途、定めることとする。

第14条（合意管轄） 本契約において、当事者の権利関係に紛争が生じた場合、甲の住所地の管轄地方裁判所を第一審裁判所とすることに甲乙双方は合意する。

以上

本旨外要件

住　所　　　〇〇県〇〇市〇〇町〇丁目〇番〇号
職　業　　　会社員
賃貸人　　　〇〇〇〇　㊞
　　　　　　昭和〇〇年〇月〇日生

上記の者は印鑑証明書を提出させてその人違いでないことを証明させた。

住　所　　　〇〇県〇〇市〇〇町〇丁目〇番〇号
職　業　　　会社員
賃借人　　　〇〇〇〇　㊞
　　　　　　昭和〇〇年〇月〇日生

上記の者は印鑑証明書を提出させてその人違いでないことを証明させた。

上記列席者に閲覧させたところ、各自その内容の正確なことを承認し、次に署名・押印する。

〇〇〇〇　㊞
〇〇〇〇　㊞

この証書は、平成〇〇年〇月〇日、本公証役場において作成し、次に署名・押印する。

〇〇県〇〇市〇〇町〇丁目〇番〇号
〇〇法務局所属
公証人　　〇〇〇〇　㊞

この正本は、平成〇〇年〇月〇日、賃貸人〇〇〇〇の請求により本職の役場において作成した。

〇〇法務局所属
公証人　　〇〇〇〇　㊞

5 事業用定期借地権とはどのような契約なのか

契約期間は10年以上50年未満の期間で定めなければならない

📄 事業用定期借地権設定契約を公正証書で作成する上での注意点

　居住用ではなく、もっぱら事業用に使用する建物を所有する目的で設定された借地権のことを「事業用定期借地権」といいます。事業用定期借地権は更新のない定期借地権の一種です。借地人は、契約期間が満了すれば、必ず地主に土地を返さなければなりません。

　事業用定期借地権には、①存続期間が10年以上30年未満のものと、②30年以上50年未満のもの、の2種類があります。

　事業用定期借地権は、事務所、店舗、貸ビルなどの事業用の建物を所有する目的でなければ、設定することができません。ただし、営利目的の建物に限定されるわけではないので、公益的な建物である学校や教会も事業用の建物として認められます。一方、住居や居住用のアパートなどは含まれません。また、事業用と居住用の両方で使用する建物についても、事業用定期借地権を設定することはできません。

　10年以上30年未満の事業用定期借地権の場合、借地人の契約更新請求や建物買取請求権が認められません。法定更新の規定も適用されないので、地主が更新拒絶をする際に、「正当の事由」は必要ではありません。

　存続期間が30年以上50年未満の借地権を設定する場合、貸主と借主が特約で契約の更新及び建物の再築による存続期間の延長がないこと、及び建物買取請求をしないこと、を約束することができます。

　事業用定期借地権は、建物買取請求権がないなど借地人の権利を大幅に制限することもあります。そこで、慎重に契約が行われるようにするため、事業用定期借地権の契約は公正証書によって行わなければならないとされています。また、借地権設定者が、事業用定期借地権であることを第三者に主張（対抗）するためには、借地権を登記する必要があります。登記申請の際には、申請書に事業用定期借地権であることを必ず記載しなければなりません。

書式5　事業用定期借地権設定契約公正証書

事業用定期借地権設定契約公正証書

　本公証人は、当事者の嘱託により、その法律行為に関する陳述の趣旨を録取し、この証書を作成する。

第1条（本件契約の目的）　賃貸人○○株式会社（以下「甲」という）は賃借人○○株式会社（以下「乙」という）に対して、下記記載の土地（以下「本件土地」という）を、借地借家法23条に規定する事業用定期借地権設定契約によって賃貸する。
2　乙は、本件土地を○○事業の用に供する下記記載の建物（以下「本件建物」という）を所有する目的で、借地権の設定を行う。

（土地）
　　　　所在　　○○県○○市○町○丁目
　　　　地番　　○○番○
　　　　地目　　宅地
　　　　地積　　○○.○○㎡
（建物）
　　　　所在　　○○県○○市○○町○丁目○○番○
　　　　家屋番号　　○○番○
　　　　種類　　宅地
　　　　構造　　○○
　　　　床面積　　○○.○○㎡

第2条（事業のために使用することの合意）　甲は、乙に対し、乙が前条2項の目的に使用するために本件土地を賃貸し、乙はこれを借り受けることに合意する。

第3条（**本件契約の契約期間と更新**）本件契約の契約期間は、平成○○年○月○日から平成○○年○月○日までの15年間とする。
2　乙の本件土地使用の継続いかんにかかわらず、前項の期間が満了した場合、賃貸借契約は終了する。
3　本件契約は、これを更新しないものとする。前項の期間が満了する場合およびその期間が満了した後、乙が本件土地の使用を継続する場合にも、乙は契約の更新を請求することができない。

第4条（**賃料と支払方法**）本件契約に基づく賃料は、1か月につき金○○万円とする。
2　賃料の支払方法につき、乙は、毎月末日限り翌月分を甲の指定する銀行口座に送金する方法にてこれを行うこととする。賃料の持参は、これを受けつけないものとする。
3　甲は、前項の賃料が公租公課の増額その他経済事情の変動等により近隣土地の地代に比較して不相当となったときは、賃料の増額を請求することができる。

第5条（**借地人の義務**）乙は、事前の甲の書面による承諾を得た場合を除き、賃借権の譲渡ないし本件土地の転貸をなし、または本件建物に増改築を施してはならない。

第6条（**建物の滅失**）第3条の期間満了前に乙が本件建物が滅失した場合においては、本件契約は直ちに終了することとする。その際、生じた賠償を乙は甲に支払わなければならない。

第7条（**契約の解除**）甲は、乙が次の各号の一に該当したときは、直ちに本件契約を解除することができる。
　①　3か月分以上の賃料の支払いを怠ったとき
　②　その他本件契約の条項に違反したとき
2　前項の事由において、甲に損害が生じた場合には、甲は乙に対し、損害賠償請求することができる。

第8条（**原状回復義務**）本件契約が終了したときは、乙は、直ちに建物を収去し、本件土地を原状に復し、これを甲に明け渡さなければならない。
2　甲は、原状に復していないと判断した場合には、乙に対し、原状

回復についての異議を申し出ることができ、乙はその指示に従うこととする。
　3　乙は、本件契約終了に際し、乙が本件建物その他の工作物の買取りを請求できないものとする。

第9条（損害金）乙は、本件契約終了後、本件土地の明渡し完了まで、1日につき、金〇〇〇〇円の損害金を支払わなければならない。

第10条（立退料等請求禁止）乙は本件契約終了の場合、甲に対して、本件土地の明渡しを原因とした移転料、立退料その他いかなる名称にかかわらずそれらに類する金銭的要求をしてはならない。

第11条（裁判合意管轄）甲および乙は、本件契約に関する当事者間の紛争については、甲の住所地を管轄する地方裁判所を第一審の管轄裁判所とすることに合意する。

第12条（協議事由）当契約書に定めのない事項は、甲乙、協議の上、別途、定めることとする。

　　　　　　　　　　　　　　　　　　　　　　　　　　　　以上

本旨外要件

　　住　　所　　　〇〇県〇〇市〇〇町〇丁目〇番〇号
　　賃貸人　　　　〇〇株式会社
　　住　　所　　　〇〇県〇〇市〇〇町〇丁目〇番〇号
　　上代表取締役　〇〇〇〇　㊞
　　　　　　　　　昭和〇〇年〇月〇日生

　上記の者は印鑑証明書を提出させてその人違いでないことを証明させた。

　　住　　所　　　〇〇県〇〇市〇町〇丁目〇番〇号
　　賃借人　　　　〇〇株式会社
　　住　　所　　　〇〇県〇〇市〇〇町〇丁目〇番〇号
　　上代表取締役　〇〇〇〇　㊞
　　　　　　　　　昭和〇〇年〇月〇日生

　上記の者は印鑑証明書を提出させてその人違いでないことを証明させた。

上記列席者に閲覧させたところ、各自その内容の正確なことを承認し、次に署名・押印する。

　　　　　　　　　　　　　　　　　　　○○○○　㊞
　　　　　　　　　　　　　　　　　　　○○○○　㊞

　この証書は、平成○○年○月○日、本公証役場において作成し、次に署名・押印する。

　　　　　　○○県○○市○○町○丁目○番○号
　　　　　　　○○法務局所属
　　　　　　　　公証人　　○○○○　　㊞

　この正本は、平成○○年○月○日、賃貸人○○○○の請求により本職の役場において作成した。

　　　　　　　　　○○法務局所属
　　　　　　　　　　公証人　　○○○○　　㊞

■ 事業用定期借地権の特色 ……………………………………………

存続期間	10年以上50年未満
使用目的	事業用建物の所有
契約の方法	公正証書による
借地人の権利制限	・契約期間が10年以上30年未満の場合、法定更新の規定は適用されず、建物買取請求権も認められない ・契約期間が30年以上50年未満の場合、建物買取請求権を行使しないという約定を定めることができる

第6章　賃料・敷金・マンション管理費をめぐるトラブル解決と書式

6 地代・家賃の支払いを請求する

賃料の滞納を続ける借主には支払督促で請求する

賃貸人・賃借人にはさまざまな義務がある

　賃貸借は、賃貸人が賃借人に物を使用させ、賃借人が対価として賃料を支払う契約をいいます。CDやビデオ、自動車などの動産から土地・建物といった不動産まで、日常生活の中でも賃貸借契約は広く利用されていますが、最も重要なのは不動産の賃貸借です。特に、住居用建物の場合、借地借家法により、借家人は、更新がしやすいなど手厚く保護されています。

　賃貸人と賃借人にはそれぞれ以下の権利義務があります。

① **使用収益させる義務と賃料支払義務**

　賃貸人は、賃借人に目的物を使用収益させる義務を負います。賃借人は、賃貸人に賃料を支払う義務を負います。

② **用法遵守義務**

　賃借人は、契約や目的物の性質によって定まっている用法に従って目的物を使用収益しなければなりません。

③ **賃貸人の修繕義務**

　賃貸人は、目的物の使用収益に必要な修繕をしなければなりません。

④ **無断譲渡・転貸の禁止**

　賃借人は賃貸人の承諾がなければ、賃借権を譲渡したり、目的物を他人に転貸（また貸し）できません。賃借人が賃貸人の承諾なく第三者に賃借物の使用収益をさせたときは、賃貸人から契約を解除されることもあります。

　ただし、解除が認められるには、無断譲渡等により賃貸人と賃借人の間の信頼関係が破壊されたといえることが必要です。

請求する際には「相当な期間」をおいて催告する

　借地人や借家人は、契約で定められた時期に定められた場所で地代や家賃を支払わなければなりません。支払時期については、毎月末日までに翌

月分を支払うという特約が多いでしょうが、当事者間で特にとりきめをしていない場合には、宅地や建物の賃料は毎月末に当月分を、宅地でない土地の賃料は毎年末に当年分を支払うことになっています。支払場所や支払方法については、地主や家主が指定した口座へ、借地人や借家人が振込送金する特約が多くなっているようですが、特にとりきめのない場合には、借地人や借家人が地主・家主のもとへ行き、現金を支払う必要があります。

借地人や借家人が、契約で定められた時期に賃料や地代を支払わないと、債務不履行として契約解除の原因になります。地主や家主が賃料の滞納を理由に契約を解除する場合には、一般的には、相当の期間を定めて滞納賃料の支払いを催告し、その期間内に履行がないときには、改めて賃貸借契約の解除を通知します。つまり、前述したように信頼関係が破壊されたといえるような状況が必要なのです。

滞納賃料は、放っておくとすぐに相当な金額になってしまいますので、早目に請求しておく必要があります。請求の際の「相当な期間」としては、1～2週間程度の期間をとるのがよいでしょう。あまりに短い期間を定めると、相当な期間を定めた催告とはいえないとして、新たなトラブルの種になりかねません。滞納賃料がいつの分で総額いくらなのかを記載しておき、相手の出方を待って支払督促の利用を検討するのがよいでしょう。

■ 賃貸借契約上の権利と義務

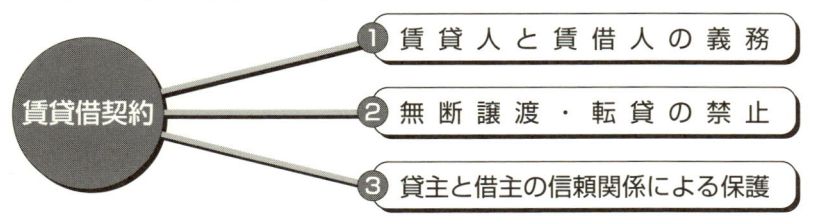

賃貸借契約
- ❶ 賃貸人と賃借人の義務
- ❷ 無断譲渡・転貸の禁止
- ❸ 貸主と借主の信頼関係による保護

書式6　賃料請求のための支払督促申立書

支払督促申立書

家賃支払　　　　請求事件
当事者の表示　　　　別紙当事者目録記載のとおり
請求の趣旨及び原因　　別紙請求の趣旨及び原因記載のとおり

　「債務者　　は、　　　　　債権者に対し、請求の趣旨記載の金額を支払え」
との支払督促を求める。

申立手続費用　　金　　　　　　3,500　円
内　　訳
　　申立手数料（印紙）　　　　　　　1,500　円
　　支払督促正本送達費用（郵便切手）　1,080　円
　　支払督促発付通知費用　　　　　　　 120　円
　　申立書作成及び提出費用　　　　　　 800　円
　　資格証明手数料　　　　　　　　　　　　円

平成○○年　○月　○日
住　　所：〒000-0000
（所在地）東京都○○区○○1丁目1番1号
債権者氏名：甲山太郎
（名称及び代表者の
資格・氏名）

　　　　　　　　　　　　　　　　　　　　㊞

（電　話：03-0000-0000　　　）
（FAX：03-0000-0000　　　）

東京　簡易裁判所　裁判所書記官　殿

価額　　　　280,000　円
貼用印紙　　　1,500　円
郵便切手　　　1,200　円
葉書　　　　　　　1　枚
添付書類　□資格証明書　　　　通
　　　　　□　　　　　　　　　通
　　　　　□　　　　　　　　　通

受付印

貼用印紙	円
葉書	枚
郵便切手	円

当事者目録

債権者		住　　所：〒000−0000 （所在地）　東京都○○区○○1丁目1番1号 氏　　名：甲山太郎 （名称及び代表者の資格・氏名） 電　話：03−0000−0000 FAX：03−0000−0000
	送達場所等の届出	債権者に対する書類の送達は次の場所に宛ててください。 ☑上記の債権者住所 □債権者の勤務先 　名　　称： 　所在地：〒 　電話： 　FAX： □その他の場所（債権者との関係：　　　　　　　　） 　住所：〒 　電話： 　FAX： 　送達受取人：
債務者		①住　　所：〒000−0000 （所在地）　東京都○○区○○2丁目2番2号○○アパート○○号室 氏　　名：乙川次郎 （名称及び代表者の資格・氏名） 電　話：03−0000−0000 FAX：03−0000−0000 ②住　　所：〒 （所在地） 氏　　名： （名称及び代表者の資格・氏名） 電　話： FAX：

請求の趣旨及び原因

請求の趣旨

1　金　　　　　280,000 円
2　(☑上記金額、□上記金額の内金　　　　　　　　円）に対する
　（□支払督促送達日の翌日、☑平成　○○年　○月　○日）
　から完済まで、年　○ ％の割合による遅延損害金

3　金　　　　　3,500 円（申立手続費用）

請求の原因

1　（1）賃貸借契約日　　平成　○○年　○月　○日

　　（2）目的物件　　　　東京都○○区○○２丁目２番２号
　　　　　　　　　　　　○○アパート○○号室

　　（3）賃　　料　　　　月額　70,000円

　　（4）支払方法　　　　毎月末日限り翌月分払い

　　（5）賃貸借契約期間　平成　○○年　○月　○日
　　　　　　　　　　　　～平成　○○年　○月　○日

2

未払賃料の額	支払済みの額	残　額
280,000円 （平成○○年○月分 ～平成○○年○月分）	0円 （最後に支払った日 平成○○年○月○日）	280,000円

7 敷金返還を請求する

正当な理由なく返還されないのであれば支払督促で請求する

全額返還が原則

　敷金とは、家賃の滞納や部屋の破損があった際にそれらの支払に充当するために家主に預けておくお金のことで、家賃の滞納や部屋の破損などがなければ、退室した後に全額を返してもらえます。具体的な金額は物件によって異なりますが、「賃料の2か月分」とするケースが多いようです。

　敷金は、家主が被る損害の担保となりますが、その残金については、借家人に返還しなければなりません。家主に全く損害がなければ、全額を返還します。関東周辺の物件で差し入れるケースが多い「礼金」は、敷金とは異なり契約終了後に返還されません。

　敷金の返還時期については、契約期間が終了し、なおかつ、借家人が家主に借家を明け渡した後になります。明け渡した後でなければ、それまで、滞納賃料がいくらあったのか、借家人の責任による破損の弁償代がいくらになるのかなどが正確に計算できないからです。

敷金を家賃にあててもらうことはできるか

　敷金は、賃貸借から発生する借家人の賃料その他の金銭債務の担保として家主に預けているわけですから、家主が借家人に賃料不払いなどの債務不履行があるときに、敷金と相殺（実際のお金のやりとりをせず、同じ金額で債権と債務を消滅させること）することはできますが、借家人の方から相殺してもらうように求めることはできません。

　家主にとって担保である敷金から、借家人の求めで滞納した家賃分を差し引くことができるとすると、次に滞納した場合の担保がなくなりますし、部屋の破損を敷金から弁償してもらうこともできなくなってしまいます。これでは、家主としてかなり不安になります。

　したがって、家主から敷金との相殺を申し出ることはできても、借家人から敷金との相殺を求めることはできないのです。

敷金を差し引かれる場合には根拠を明確にしてもらう事

　賃貸借終了時には、賃借人は賃借物を原状に復した上で返還すべき義務があります。この原状回復の範囲と敷金の返還が問題となります。特約がある場合を別にして、通常の賃借物の損耗については、原状回復の対象には含まれず、それを超えて建物に損傷を与えた場合に、賃借人にはその修復義務があるというべきです。たとえば、壁や畳が磨り減った部分を元に戻したり、多少の汚れを元通りにするようなことは物理的にも不可能です。賃貸人が畳替えや壁紙の張替え費用などを原状回復費用として敷金の中から差し引くという場合が少なくありませんが、そのような費用を賃借人に負担させることは許されないことです。

　家主があれこれ理由をつけて敷金をなかなか返さないのであれば、敷金からどのことについてどれだけ引く予定であるかという見積もりを送ってもらうのもよいでしょう。納得できないのであれば速やかに異議を唱えるべきです。

　また、理由もなく敷金を返還しないような場合には、内容証明郵便を送るなどの措置が必要になります。特に、敷金は60万円以下の場合が多いと思われますので、少額訴訟を利用するのもよいでしょう。

■ 敷金の差し入れと返却

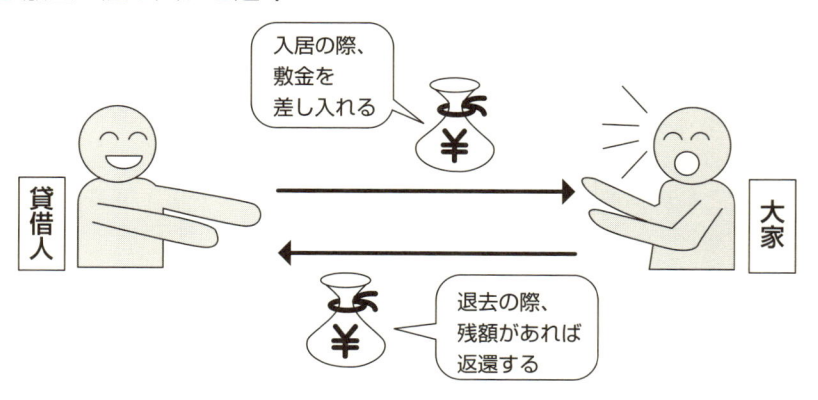

貸借人 → 大家
入居の際、敷金を差し入れる

貸借人 ← 大家
退去の際、残額があれば返還する

書式7 敷金返還請求のための支払督促申立書

支払督促申立書

　　敷金返還　　請求事件
当事者の表示　　　　別紙当事者目録記載のとおり
請求の趣旨及び原因　別紙請求の趣旨及び原因記載のとおり

　「債務者　　は、　　　　　　債権者に対し、請求の趣旨記載の金額を支払え」
との支払督促を求める。

申立手続費用	金	3,000	円

内　訳
　　　申立手数料（印紙）　　　　　　　　1,000　円
　　　支払督促正本送達費用（郵便切手）　1,080　円
　　　支払督促発付通知費用　　　　　　　　120　円
　　　申立書作成及び提出費用　　　　　　　800　円
　　　資格証明手数料　　　　　　　　　　　　　円

平成○○年　○月　○日

住　　所：〒000-0000
（所在地）　東京都○○区○○1丁目1番1号
債権者氏名：　甲山太郎
（名称及び代表者の
資格・氏名）

　　　　　　　　　　　　　　　　　　　　　　㊞

　（電　話：03-0000-0000　　　　　）
　（FAX：03-0000-0000　　　　　）

　東京　簡易裁判所　裁判所書記官　殿

価額　　　　200,000　円
貼用印紙　　　1,000　円
郵便切手　　　1,200　円
葉書　　　　　　　1　枚
添付書類　□資格証明書　　　　　通
　　　　　□　　　　　　　　　　通
　　　　　□　　　　　　　　　　通

受付印

貼用印紙	円
葉書	枚
郵便切手	円

第6章　賃料・敷金・マンション管理費をめぐるトラブル解決と書式

当事者目録

<table>
<tr><td rowspan="2">債権者</td><td colspan="2">
住　　所：〒000-0000
（所在地）　東京都〇〇区〇〇1丁目1番1号

氏　　名：甲山太郎
（名称及び代表者の
資格・氏名）

電　話：03-0000-0000
FAX：03-0000-0000
</td></tr>
<tr><td>送達場所等の届出</td><td>
債権者に対する書類の送達は次の場所に宛ててください。
☑上記の債権者住所
□債権者の勤務先
　名　称：
　所在地：〒

　電話：
　FAX：
□その他の場所（債権者との関係：　　　　　　　　　）
　住所：〒

　電話：
　FAX：
　送達受取人：
</td></tr>
<tr><td>債務者</td><td colspan="2">
①住　　所：〒000-0000
　（所在地）　東京都〇〇区〇〇2丁目2番2号

　氏　　名：乙川次郎
　（名称及び代表者の
　資格・氏名）

　　電　話：03-0000-0000
　　FAX：03-0000-0000

②住　　所：〒
　（所在地）

　氏　　名：
　（名称及び代表者の
　資格・氏名）

　　電　話：
　　FAX：
</td></tr>
</table>

請求の趣旨及び原因

請求の趣旨

1　金　　　　　200,000 円
2　(☑上記金額、□上記金額の内金　　　　　　　円) に対する
　　(☑支払督促送達日の翌日、□平成 ○○年 ○月 ○日)
　　から完済まで、年 ○ ％の割合による遅延損害金

3　金　　　　　3,000 円（申立手続費用）

請求の原因

1　(1) 賃貸借契約日　　　平成 ○○年 ○月 ○日

　　(2) 目的物件　　　　東京都○○区○○1丁目1番1号

　　(3) 預金敷金額　　　200,000円（月額賃料の2カ月分）

2

預入敷金の額	返還済の額	控除を認める額	残　額
200,000円	0円	0円	200,000円

3　(1) 賃貸借終了日　　平成 ○○年 ○月 ○日

　　(2) 目的物件明渡日　平成 ○○年 ○月 ○日

8 マンション管理費の滞納分を請求する

管理費の請求には支払督促を利用するのがよい

区分所有法による調整

　法律上、マンションのことを区分所有建物といいます。そして、区分されたそれぞれの一戸を専有部分といい、それ以外の場所、たとえば、エレベーターや階段、廊下などを共用部分といいます。

　マンションでは1つの建物に複数の世帯が住んでいるわけですから、そこにはさまざまな利害の対立、意見の相違が出てきます。これを調整、規律するために、「建物の区分所有等に関する法律（区分所有法）」があります。しかし、区分所有者の関係をすべて法律で調整することは不可能です。

　そこで、個々のマンションで独自に敷地や付属設備などの管理方法を定めた管理規約が必要になります。

　なお、マンションの居住者の中に、区分所有権を買い受けた居住者と賃貸の居住者（賃借人）の双方がいる場合もありますが、管理組合、建て替え、修繕、管理についての問題は分譲マンションを買い受けた居住者だけの問題です。賃借人については原則として管理についての問題はでてきません。

管理規約と管理組合

　前述したように区分所有者間の関係をすべて法律で定めることは不可能です。また、それぞれのマンションごとに違った考慮が必要となる場合もあります。そこで、個々のマンションごとに自主的な管理のルール（管理規約）を定めることになっています。この管理規約を定めるのは、区分所有者全員で構成される管理組合です。

　一般にマンション管理組合といいます。マンション管理組合は、マンションの管理や運営を円滑に行うために、各区分所有者が集まって話し合い、意思決定をする機関です。

区分所有者は管理費を負担する

　マンション管理組合は、マンションの管理業務を行うにあたって必要となる諸費用を「管理費」として区分所有者（組合員）から徴収することができます。通常、管理費は組合員それぞれの持分割合（専有部分の床面積の割合）によって負担することとされています。

　管理費を滞納した組合員に対しては、まず、口頭または書面で支払を催促します。

　催促しても管理費を払わない組合員に対しては、内容証明郵便を利用して、支払うように請求します。

　それでも何の回答もないような組合員については、法的手段を行使するしかありません。この場合、費用の点から考えて、支払督促または少額訴訟の制度を利用するとよいでしょう。

　なお、滞納されている管理費については「先取特権」の行使が認められますから、その区分所有者に対する一般債権よりも優先的に管理費の支払いを受けることができます。

　さらに、区分所有者（組合員）がその区分所有権を第三者に売却した場合は、新たに取得した者に対しても、滞納している管理費を請求することができます。「建物の区分所有等に関する法律」によれば、中古マンションを取得した人は、前の所有者に管理費などの滞納があった場合、取得者がその滞納の事実を知っていたか否かを問わず、全面的に、滞納していた管理費や修繕積立金などの支払義務を引き継ぐことになっています。

■ マンション管理のしくみ

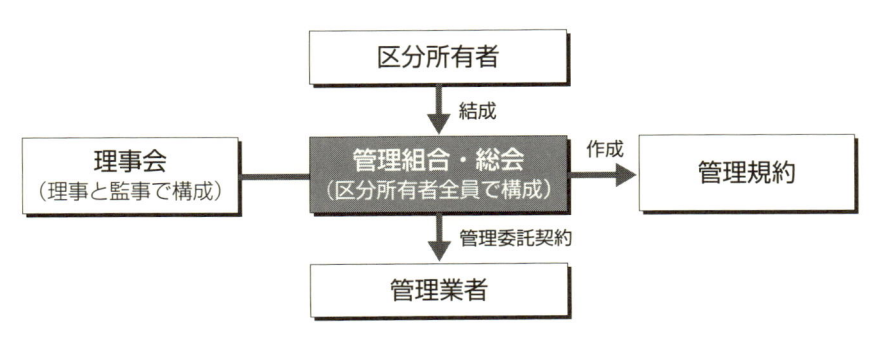

```
                    区分所有者
                        │結成
                        ↓
理事会          管理組合・総会      作成    管理規約
(理事と監事で構成) ──→ (区分所有者全員で構成) ──→
                        │
                        │管理委託契約
                        ↓
                     管理業者
```

書式8　マンション管理費請求のための支払督促申立書

支払督促申立書

マンション管理費等 請求事件
当事者の表示　　　　　別紙当事者目録記載のとおり
請求の趣旨及び原因　　別紙請求の趣旨及び原因記載のとおり

「債務者　　は、　　　　　債権者に対し、請求の趣旨記載の金額を支払え」
との支払督促を求める。

申立手続費用　　金	2,500	円
内　　訳		
申立手数料（印紙）	500	円
支払督促正本送達費用（郵便切手）	1,080	円
支払督促発付通知費用	120	円
申立書作成及び提出費用	800	円
資格証明手数料		円

平成○○年　○月　○日

住　　所　〒000-0000
（所在地）　東京都○○区○○1丁目1番1号○○マンション△△△号室
債権者氏名：○○マンション管理組合
（名称及び代表者の資格・氏名）
　　　　　　代表者理事長　甲山太郎

㊞

（電話：03-0000-0000　　　　）
（FAX：03-0000-0000　　　　）

東京　簡易裁判所　裁判所書記官　殿

価額	100,000	円
貼用印紙	500	円
郵便切手	1,200	円
葉書	1	枚
添付書類　☑資格証明書	1	通
☐		通
☐		通

受付印

貼用印紙		円
葉書		枚
郵便切手		円

当事者目録

<table>
<tr><td colspan="2" rowspan="3">債権者</td><td colspan="2">住　　所：〒000-0000
（所在地）　東京都○○区○○１丁目１番１号○○マンション△△△号室
氏　　名：○○マンション管理組合
（名称及び代表者の資格・氏名）　代表者理事長　甲山太郎

電　話：03-0000-0000
FAX：03-0000-0000</td></tr>
<tr><td rowspan="2">送達場所等の届出</td><td>債権者に対する書類の送達は次の場所に宛ててください。
☑上記の債権者住所
□債権者の勤務先
　名　称：
　所在地：〒

　電話：
　FAX：</td></tr>
<tr><td>□その他の場所（債権者との関係：　　　　　　　　　　）
　住所：〒

　電話：
　FAX：
　送達受取人：</td></tr>
<tr><td rowspan="2">債務者</td><td colspan="2">①住　　所：〒000-0000
（所在地）　東京都○○区○○１丁目１番１号○○マンション×××号室
氏　　名：乙川次郎
（名称及び代表者の資格・氏名）

電　話：03-0000-0000
FAX：03-0000-0000</td></tr>
<tr><td colspan="2">②住　　所：〒
（所在地）
氏　　名：
（名称及び代表者の資格・氏名）

電　話：
FAX：</td></tr>
</table>

請求の趣旨及び原因

請求の趣旨

1　金　　　　　100,000 円
2　(☑上記金額、□上記金額の内金　　　　　　　円)に対する
　　(☑支払督促送達日の翌日、□平成　　年　　月　　日)
　　から完済まで、年　○　％の割合による遅延損害金

3　金　　　　　2,500 円（申立手続費用）

請求の原因

1　(1) 契約日　平成 ○○年 ○月 ○日

　　(2) 債務者が区分所有権を有する建物の所在地
　　　　東京都○○区○○1丁目1番1号○○マンション×××号室

　　(3) 契約の内容
　　　　債務者は債権者に対し以下の条件でマンション管理費用を支払う

　　　　・区分所有者は、毎月末日払い、専有面積1辺り月金○○○円の
　　　　　翌月分の管理費を支払う

　　　　・債務者の専有面積は○○.○○であり、月額の管理費は25,000円
　　　　　である

2

管理費	支払済みの額	残　額
100,000円 （平成○○年○月分 〜平成○○年○月分）	0円	100,000円

第7章

交通事故や離婚をめぐるトラブル解決と書式

1 示談・和解の公正証書の作り方

書面を作成する際は明確で簡潔な内容にする

和解契約とはどんな契約なのか

　何らかのトラブルが生じた場合、いきなり訴訟を起こすケースは多くありません。たいていは、トラブルの当事者間で話し合い、問題点や妥協点を探し出して、当事者が納得してトラブルを解決することになります。このような方法を示談と言います。なお、一般に示談という表現をしますが、当事者間で取り決めることは、法律上の和解契約に該当します。和解契約とは、一定の法律関係に関する争いが生じた場合にその争いの当事者どうしが互いに譲り合って紛争を終結させる契約のことです。

　和解契約の対象となる争いには特に制約はありません。たとえば、契約を結んでいた当事者間で契約内容について争いが生じたり、近隣関係でトラブルとなった場合などに、解決手段として利用されます。

　和解契約が成立すると、後で和解した内容に反する事実が明らかになったとしても、それを覆すことができないのが原則です。ただ、交通事故などの場合には、和解した後に被害者に後遺症が出てくることも少なくありません。このような後遺症について、全く補償されないとなると不都合です。したがって、和解契約を結んだ当時には全く想像できなかった重大な後遺症が生じた場合には、和解契約とは別にその部分についての損害賠償請求をすることができる、と判断されています。

　なお、せっかく合意しても、口頭で確認したままにしてしまうと、後日何らかの問題が生じ、当事者の一方から問題を蒸し返されてしまう可能性があります。こうしたことを避けるために、当事者間でまとまった内容については、契約書や承諾書といった書面にまとめて証拠として残しておく場合がほとんどです。

和解契約の公正証書作成の際の注意点

　紛争について当事者間で話がまとまった内容については、公正証書で残

しておくと、示談成立後のトラブルを防ぐことができます。紛争が交通事故などの後遺症の問題が生じる可能性のある内容の場合には、あらかじめ、後遺症が生じた場合にどうするかについても、明記しておいた方がよいでしょう。公正証書を作成する際には、具体的には以下の点に注意して作成するとよいでしょう。

① 紛争を特定するために詳細を記載する

どの紛争についての合意内容なのかを、明示します。特に同一当事者間で複数の紛争があるような場合には、どの紛争についての話なのかを特定する必要があります。特に、紛争の当事者、紛争の発生日時、紛争の発生場所、紛争の種類と概要などを具体的に記載して特定します。

② 内容に関しては明確かつ簡潔に記載する

公正証書に記載すべき内容は、対象となる紛争についての事実関係と決定した内容です。そこに至る経緯や感情的な内容については記載する必要はありません。

③ この合意を以て紛争を終結させることを明記する

公正証書にして残すのは後日のトラブルを予防する意味もありますから、紛争に終止符を打った、ということを明記しておくことが重要です。

交通事故を起こしたときの責任とは

本書では、交通事故について示談する場合の公正証書と損害賠償債務の支払いを求める支払督促申立書のサンプルを掲載します。

交通事故は、大きく人身事故と物損事故に分けることができます。人身事故とは、文字通り人の身体に危害が及ぶ事故です。人身事故には、死亡事故と傷害事故があります。物損事故とは、自動車同士の破損のように、物に危害が及ぶ事故です。1つの事故で人身事故と物損事故の両方が問題になる場合もあります。

交通事故が生じた場合に被害者の受けた損害を直接カバーするのは加害者による損害賠償と保険制度です。これらについて定めている法律が、民法（とくに、不法行為についての規定）と自賠法です。自賠法とは、自動車の所有者であれば必ず加入しなければならない自動車賠償責任保険（自賠責保険）について定めた法律です。

人身事故であろうと物損事故であろうと民法上の不法行為（他人の身体や財産に損害を与える行為のこと）にあたる可能性が高いので、まずは民法による事故の解決を検討することになります。ただ、人身事故の場合、自賠法が民法に優先して適用されます。つまり、自賠法がまず適用されて、そこに規定がない事項が問題となった場合や、自賠法の適用がない場合にはじめて、民法を適用します。

損害が認められるには

　物損事故については、自賠責保険は適用されません。加害者が任意で車両保険などの対物賠償保険（物損事故の場合に支給される保険）に加入している場合には、その保険が適用されます。車両について損害として認められるのは、以下のとおりです。

① 　全損の場合

　車対車の事故で、相手側に事故の原因があり、自分の側にまったく落ち度がない場合は、こちらが被った損害額のすべてを相手に請求することができます。しかし、そのようなケースはまれです。たいてい、双方に落ち度があり、過失相殺（被害者にも過失があり、損害の発生や被害の拡大の一因になった場合に、損害額から被害者の過失に応じた額を差し引くこと）の問題になります。

　車が修理不能な場合や修理が著しく困難な場合には、被害車両の事故当時の時価が損害として認められます。

② 　修理が可能な場合

　被害車両が修理可能な場合には適正な修理費が損害として認められます。損害として認められる修理費の上限は、被害車両の時価です。被害車両の時価とは、事故当時のその車の取引価格のことです。

　事故車を修理した場合、車の評価額が下がるため、下取価額は大幅に下がります。これが評価損（格落ち損）です。評価損とは修理しても完全に原状回復できずに残る中古車市場における車両価格の減少分と考えておきましょう。評価損も損害として認められます。事故前の車の評価額から修理後の評価額を差し引いた額が、評価損となりますが、判例では修理費の1割〜3割程度を評価損として認めています。

証拠となる資料を多く用意すること

　交通事故については、保険会社が関与した示談交渉で解決する場合が多いものですが、相談センターなど裁判外の紛争処理機関も充実していますから、これを活用するのもよいでしょう。交通事故に関する紛争を処理する代表的な機関としては、（財）交通事故紛争処理センターと（財）日弁連交通事故相談センターがあります。

　交通事故トラブルの有利な解決を図るために重要なのは、できるだけ多く証拠となる書類を用意することです。事故証明書や、事故の状況を示す地図やメモ類、相手方や保険会社からの提出書類など、ささいなものまで集めておきましょう。

　被害者と加害者との間で話し合いがこじれてしまった場合には、訴訟に発展することもありますが、その前に内容証明郵便や支払督促を利用するのもひとつの手です。このような簡易方法で解決できればそれに越したことはありません。また、民事調停を検討してみるのもよいでしょう。

■ 物損事故の場合

①	修理費		原則として修理費実費。修理不能または修理費が被害車の時価額を超える場合は時価額
②	評価損		修理しても、事故前に比べると車両価値が減少する場合、その減少分が評価損となる
③	代車使用料	代車使用料	事故によって修理または買替えが必要なため、代車を使用した場合はその使用料が認められる
		休車補償	営業用車両などで代替がきかない車両については、買替えまたは修理のために車両を使用できなかった期間に、車両を使用できたのであれば得ていたであろう純益を請求することができる
④	その他	着衣	事故当時着ていた服やメガネ（コンタクトレンズを含む）など
		雑費	車両の保管料、引き揚げ費用、査定費用、事故証明交付手数料、通信費など
		登録費用	車両の買替えにともない必要となる廃車費用、新規登録費用、納車費用、車庫証明費用、自動車取得税など
		家屋修繕費	事故によって店舗などが破壊された場合はその店舗の修繕費。修繕にともない店舗の営業に支障をきたす場合は、その分は営業損害となる。
		積荷損害	事故車両に積んでいた商品や製品が滅失・毀損した場合はその損害額

損害賠償額の出し方　損害賠償額＝修理費①＋評価損②＋代車使用料③＋その他④

書式1　和解（示談）契約公正証書

和解契約公正証書

　本公証人は、当事者の嘱託により、下記の法律行為に関する陳述の趣旨を録取し、この証書を作成する。

第1条（契約締結）　○○○○（以下「甲」という）と○○○○（以下「乙」という）とは、下記交通事故（以下「本件事故」という）において、乙が運転する車両により、自転車で走行中の甲に接触のうえ転倒させた件につき、次条以下のとおり和解が成立し、ここに契約（以下「本契約」という）を締結する。

① 　事故の日時：平成○○年○月○日午後11時30分頃
② 　事故の場所：東京都港区六本木○丁目○番○号先路上
③ 　加害車両　：車種○○○○
　　　　　　　　登録番号　品川○○○-あ-○○○○
④ 　事故の概要：別添交通事故証明書写しのとおり
⑤ 　被害の概要：別添診断書写しのとおり

第2条（債務の確認）　乙は甲に対し、本件事故の損害賠償として、下記の賠償金の支払債務があり、当該賠償金の総額が金○○円であることを確認する。

① 　治療費　　　　　　：金○○円
② 　治療関係諸費用　　：金○○円
③ 　休業補償　　　　　：金○○円
④ 　慰謝料　　　　　　：金○○円
⑤ 　自転車修理費用　　：金○○円

第3条（保険金による充当）　甲及び乙は、前条に定める本件事故による賠償金総額金○○円のうち金○○円は、自動車損害賠償保障

法に基づき乙が受領した保険金をもってこれに充当することに合意する。

第4条（支払）乙は、甲に対し、残金○○円を下記のとおり、甲の指定する銀行口座に振込み支払う。

① 平成○○年○月○日までに金○○円
② 平成○○年○月○日から平成○○年○月○日まで毎月末日までに金○○円ずつ

第5条（期限の利益喪失）乙が前条に定める支払いを1回でも怠ったときは、甲からの通知催告を要せず期限の利益を失い、乙は甲に対し、直ちに残金全額を支払わなければならない。

第6条（遅延損害金）乙は、前条により期限の利益を失ったときは、甲に対し、残金に対して期限の利益喪失の日の翌日から支払い済みまで日歩○銭の割合による遅延損害金を加算して支払わなければならない。

第7条（清算条項）甲及び乙は、本件事故に関し、本契約に定める以外には、何らの債権債務も存在しないことを相互に確認する。

第8条（強制執行認諾）乙は、本契約に定める金銭債務の履行を怠ったときは、直ちに強制執行を受けても異議がないことを認諾した。

第9条（費用負担）乙は、この証書の作成その他本契約に係る一切の費用を負担する。

以上

本旨外要件

住　所　　東京都○○区××○丁目○番○号
職　業　　会社員
被害者　　○○○○　㊞
　　　　　昭和○○年○月○日生

上記の者は印鑑証明書を提出させてその人違いでないことを証明させた。

住　所　　東京都○○区××○丁目○番○号
職　業　　無職
加害者　　○○○○　㊞

　　　　　　　昭和〇〇年〇月〇日生
　上記の者は運転免許証を提出させてその人違いでないことを証明させた。
　上記列席者に閲覧させたところ、各自その内容の正確なことを承認し、次に署名・押印する。

　　　　　　　　　　　　　　　　　〇〇〇〇　㊞
　　　　　　　　　　　　　　　　　〇〇〇〇　㊞

　この証書は、平成〇〇年〇月〇日、本公証役場において作成し、次に署名・押印する。

　　　　　　　　東京都〇〇区××〇丁目〇番〇号
　　　　　　　　　　〇〇法務局所属
　　　　　　　　　　公証人　　〇〇〇〇　㊞

─────────────────────────────

　この正本は、平成〇〇年〇月〇日、被害者〇〇〇〇の請求により本職の役場において作成した。

　　　　　　　　　　〇〇法務局所属
　　　　　　　　　　公証人　　〇〇〇〇　㊞

書式2 交通事故の損害賠償のための支払督促申立書（物損事故）

支払督促申立書

交通事故損害賠償 請求事件
当事者の表示　　　　別紙当事者目録記載のとおり
請求の趣旨及び原因　別紙請求の趣旨及び原因記載のとおり

　「債務者　　は、　　　　　　債権者に対し、請求の趣旨記載の金額を支払え」
との支払督促を求める。

申立手続費用　　金　　　　　　4,000　円
内　　訳
　　申立手数料（印紙）　　　　　　　2,000　円
　　支払督促正本送達費用（郵便切手）1,080　円
　　支払督促発付通知費用　　　　　　　120　円
　　申立書作成及び提出費用　　　　　　800　円
　　資格証明手数料　　　　　　　　　　　　円

平成○○年　○月　○日
住　　　所：〒000-0000
（所在地）　東京都○○区○○1丁目1番1号
債権者氏名：　甲山太郎
（名称及び代表者の
資格・氏名）

（印）

　（電　話：03-0000-0000　　）
　（FAX：03-0000-0000　　）

　東京　簡易裁判所　裁判所書記官　殿

価額　　　　　　360,000　円
貼用印紙　　　　　　2,000　円
郵便切手　　　　　　1,200　円
葉書　　　　　　　　　　1　枚
添付書類　□資格証明書　　　　　　通
　　　　　□　　　　　　　　　　　通
　　　　　□　　　　　　　　　　　通

受付印

貼用印紙	円
葉書	枚
郵便切手	円

当事者目録

債権者		住　　所：〒000-0000 （所在地）　東京都○○区○○1丁目1番1号 氏　　名：甲山太郎 (名称及び代表者の資格・氏名) 電　話：03-0000-0000 FAX：03-0000-0000
	送達場所等の届出	債権者に対する書類の送達は次の場所に宛ててください。 ☑上記の債権者住所 □債権者の勤務先 　名　称： 　所在地：〒 　電話： 　FAX： □その他の場所（債権者との関係：　　　　　　　　　） 　住所：〒 　電話： 　FAX： 　送達受取人：
債務者		①住　　所：〒000-0000 （所在地）　東京都○○区○○2丁目2番2号 氏　　名：乙川次郎 (名称及び代表者の資格・氏名) 電　話：03-0000-0000 FAX：03-0000-0000 ②住　　所：〒 （所在地） 氏　　名： (名称及び代表者の資格・氏名) 電　話： FAX：

請求の趣旨及び原因

請求の趣旨

1　金　　　　　360,000 円
2　（☑上記金額、□上記金額の内金　　　　　　円）に対する
　　（□支払督促送達日の翌日、☑平成○○年○月○日）
　　から完済まで、年　○　％の割合による遅延損害金

3　金　　　　　4,000 円（申立手続費用）

請求の原因

1　（1）事故発生日時　　平成○○年○月○日午前○時○分頃

　　（2）事故発生場所　　東京都○○区○○3丁目3番地先交差点

　　（3）加害車両　　　　普通乗用自動車（練馬○○○○号）
　　　　　　　　　　　　運転者：債務者、所有者：債務者

　　（4）被害車両　　　　普通乗用自動車（足立○○○○号）
　　　　　　　　　　　　運転者：債権者、所有者：債権者

　　（5）事故の態様　　　原告が運転する普通乗用自動車が東京都○○区○○3丁目3番地先の交差点を赤信号で停止していたところ、被告が運転する普通乗用自動車に追突され、後部バンパー及びテールランプの一部が破損した。原告は急ブレーキを踏んだわけではなく、明らかに被告の前方不注意による事故である。

　　（6）債務者の過失態様　前方不注意

2

損害額	支払済みの額	残　額
360,000円 （内訳） 被害車両修理代　300,000円 代車使用料　　　 60,000円	0円	360,000円

書式3 交通事故の損害賠償のための支払督促申立書（人身事故）

支払督促申立書

交通事故損害賠償 請求事件

当事者の表示　　　　別紙当事者目録記載のとおり
請求の趣旨及び原因　　別紙請求の趣旨及び原因記載のとおり

「債務者　　は、　　　　　債権者に対し、請求の趣旨記載の金額を支払え」
との支払督促を求める。

申立手続費用	金	5,500	円
内訳			
申立手数料（印紙）		3,500	円
支払督促正本送達費用（郵便切手）		1,080	円
支払督促発付通知費用		120	円
申立書作成及び提出費用		800	円
資格証明手数料			円

平成 ○○ 年 ○ 月 ○ 日

住　所　〒000-0000
（所在地）　東京都○○区××1丁目1番1号
債権者氏名：
（名称及び代表者の資格・氏名）
　　　甲山太郎　　　　　　　　　　　　　　　㊞

（電　話）03-0000-0000　　　）
（FAX）03-0000-0000　　　）

東京　簡易裁判所　裁判所書記官　殿

価額	632,000	円
貼用印紙	3,500	円
郵便切手	1,200	円
葉書	1	枚

添付書類　□資格証明書　　　　　通
　　　　　□　　　　　　　　　　通
　　　　　□　　　　　　　　　　通

受付印

貼用印紙		円
葉書		枚
郵便切手		円

当事者目録

<table>
<tr><td rowspan="2">債権者</td><td colspan="2">
住　　所：〒000-0000
（所在地）　東京都○○区××1丁目1番1号

氏　　名：　甲山太郎
(名称及び代表者の資格・氏名)

電　話：03-0000-0000
FAX：03-0000-0000
</td></tr>
<tr><td>送達場所等の届出</td><td>
債権者に対する書類の送達は次の場所に宛ててください。
☑上記の債権者住所
☐債権者の勤務先
　名　称：
　所在地：〒

　電話：
　FAX：
☐その他の場所（債権者との関係：　　　　　　　　　　）
　住所：〒

　電話：
　FAX：
　送達受取人：
</td></tr>
<tr><td>債務者</td><td colspan="2">
①住　　所：〒000-0000
　（所在地）　東京都○○区○○2丁目2番2号

　氏　　名：
　(名称及び代表者の資格・氏名)　乙山次郎

　　電　話：03-0000-0000
　　FAX：03-0000-0000

②住　　所：〒
　（所在地）

　氏　　名：
　(名称及び代表者の資格・氏名)

　　電　話：
　　FAX：
</td></tr>
</table>

第7章　交通事故や離婚をめぐるトラブル解決と書式

請求の趣旨及び原因

請求の趣旨

1 　金　　　　　　632,000 円（下記の請求の原因２の残高）
2 　（☑上記金額、□上記金額の内金　　　　　　　　円）に対する
　　（□支払督促送達日の翌日、☑平成　22 年　7 月 25 日）
　　から完済まで、年　5 ％の割合による遅延損害金

3 　金　　　　　　5,500 円（申立手続費用）

請求の原因

1 （1）事故発生日時　　平成22年7月25日　午後7時頃
　 （2）事故発生場所　　東京都大田区蒲田本町１番地２号前交差点
　 （3）加害車両　　　　普通乗用自動車（品川510 に９８７６）
　　　　　　　　　　　　運転者：債務者、所有者：債務者
　 （4）被害車両　　　　普通乗用自動車（品川330 あ１２３４）
　　　　　　　　　　　　運転者：債権者、所有者：債権者
　 （5）事故の態様　　　債権者運転の被害車両が上記交差点の赤信号で停車中、
　　　　　　　　　　　　債務者運転の加害車両が制限速度を超過して進入し、
　　　　　　　　　　　　停止しきれずに追突したもの
　 （6）傷害の内容　　　①首関節　ムチウチ症
　　　　　　　　　　　　②通院期間　平成22年7月25日～平成22年9月17日
　　　　　　　　　　　　　（実質通院数は16日）
　 （7）債務者の責任　　債務者は上記自動車を保有し、自己の運行の用に供
　　　　　　　　　　　　している

2

損害額	支払済の額	残　額
632,000円 （内訳） (1)治療費　　　80,000 円 (2)休業損害　 220,000 円 (3)慰謝料　　 300,000 円 (4)通院交通費　32,000 円	0円	632,000円

2 離婚についての公正証書の作り方

財産分与、慰謝料、養育費などケースにあわせて効果的に活用する

離婚のときの合意事項は書面にしておくこと

　それまで法律的に夫婦関係であった者が、その関係を解消することを離婚と言います。当事者間で離婚について争いがない場合、離婚届に必要事項を記載して市区町村役場に提出すると、離婚は成立します。当事者間で離婚について合意していない場合には、家庭裁判所で調停となります。調停でまとまらない場合には、裁判で離婚することになります。

　離婚する場合、当事者はそれまで築いてきた財産関係を清算しなければなりません。離婚原因を作った者については、その責任をどうすべきか、また、未成年の子がいる場合には子の養育をどうするか、親権者は誰がなるのか、といった問題も決めなければなりません。こうしたことを両者で取り決めて離婚したとしても、その後その取り決め通りにならないこともあります。たとえば、元妻が子を引き取って養育することになり、元夫が子の養育費を支払うことで合意して離婚したとしても、何年か経って養育費の支払いが滞ってしまうこともあります。このようなトラブルを未然に防ぐために、離婚時に決めた内容については、その時点で公正証書に記載しておくことが重要です。

公正証書作成の際に注意する点

　通常の公正証書作成と同様に、嘱託する本人の印鑑証明書などを準備します。代理人に嘱託してもらう場合には、委任状をはじめ、必要書類を準備します。公正証書を作成したらすぐに離婚するような場合には、公正証書を作成した後すぐに届け出をすることができるように、離婚届を準備しておくようにします。

　離婚の際に取り決める内容は、財産分与に関する事項、子がいる場合には養育に関する事項、どちらかに離婚原因がある場合などに支払われる慰謝料などです。以下に挙げる点に注意して、具体的に記載します。

① 財産分与

　財産分与とは、それまでに両者が協力して築いてきた財産をその貢献度に応じて公平に分配することです。名義が誰か、というよりも、その財産を形成するのに貢献した者は誰か、そしてどの程度の割合で貢献したか、といった実質的な内容が反映されます。どう分配するかは、個々のケースで異なりますが、事前に当事者間で合意しておくのが理想です。不動産がある場合は、その不動産の登記簿謄本を事前に準備します。車などの登録動産がある場合は、登録証も準備しておくようにしましょう。

② 養育費

　離婚後に子と生活しなくなる方の当事者が子と生活する方の当事者に子を養育するのに必要な費用として支払う金銭で、子が成人するまでの間の費用を負担します。一括で支払う場合や分割で支払う場合など、個々のケースで異なりますが、支払う金額、支払時期・回数・方法などの詳細を記載するようにしましょう。養育費に財産分与の意味合いも含まれている場合には、その旨を記載します。

③ 慰謝料

　離婚原因を作った当事者がそれによって相手方がこうむった精神的な損害に対して支払う金銭を慰謝料と言います。慰謝料の支払いについても金額とともに、支払い方法と回数を明記するようにしましょう。

　養育費と同様、慰謝料が財産分与の金額に含める場合もあります。そのような場合には、その旨を明記しておくと、後日トラブルとなるのを予防することができるでしょう。

　以上の①〜③については、離婚に伴う財産についての取り決めですが、公正証書として残す場合、こうした事項が守られなかった場合に備えて、執行認諾約款を付けることができる、という大きなメリットがあります。

　特に支払が長い年月に渡るような場合には、必ず支払を受けられるようにするためには、執行認諾約款をつけることが重要です。

　また、住居などの不動産の明渡しが予定されている場合や、保証人を立てる場合、担保を設定する場合には、その旨も記載するようにします。

　一方、子と生活をしない方の当事者が子と会う権利などがある場合には、回数や面会の方法などについても明記しておくようにしましょう。

書式4　離婚にともなう契約の公正証書

離婚にともなう契約の公正証書

　本公証人は、当事者の嘱託により、その法律行為に関する陳述の趣旨を録取し、この証書を作成する。

第1条（契約の目的） 甲（夫○○○○）と乙（妻××××）は、この度、協議離婚をするにあたり、以下のように契約するものである。

第2条（契約の内容） 甲は、乙に対して、財産分与として金○○○万円、慰謝料として金○○○万円、合計金○○○万円を支払う。

2　前項の支払いは、平成○○年○月○日を期限とする。

第3条（親権者） 甲乙間に生まれた長男○○と長女○○の親権者は、乙と定める。

2　乙は、長男○○と長女○○を、成年に達するまで監護、養育するものとする。

第4条（養育費） 甲は乙に対して、長男○○と長女○○が各々成年に達するまで、平成○○年○月○日より、毎月末日限り、月々金○万円を支払うものとする。

2　前項の養育費は、長男○○と長女○○の進学等特別な事情が生じたとき、また、物価変動その他の事情の変更が生じたときには、甲乙協議の上、増減できるものとする。

第5条（執行認諾約款） 甲は、本証書記載の乙に対する金銭債務につき、債務不履行が生じたときには、直ちに強制執行に服する旨認諾した。

以上

本旨外要件

　　住　　所　　東京都○○区○○町○丁目○番○号
　　職　　業　　会社員

氏　名　　〇〇〇〇　㊞
　　　　　　　昭和〇〇年〇月〇日生
　上記の者は運転免許証を提出させてその人違いでないことを証明させた。
　　　住　所　　〇〇県〇〇郡〇町〇丁目〇番〇号
　　　職　業　　会社員
　　　氏　名　　××××　㊞
　　　　　　　昭和〇〇年〇月〇日生
　上記の者は運転免許証を提出させてその人違いでないことを証明させた。
　上記列席者に閲覧させたところ、各自その内容の正確なことを承認し、下記に署名・押印する。

　　　　　　　　　　　　　　　　　　　　〇〇〇〇　㊞
　　　　　　　　　　　　　　　　　　　　××××　㊞

　この証書は、平成〇〇年〇月〇日、本公証役場において作成し、下記に署名・押印する。

　　　　　　　　　東京都〇〇区〇〇町〇丁目〇番〇号
　　　　　　　　　東京法務局所属
　　　　　　　　　　公証人　　〇〇〇〇　㊞

───────────────────────────

　この正本は、平成〇〇年〇月〇日、〇〇〇〇の請求により下記本職の役場において作成した。

　　　　　　　　　　　　　　　　東京法務局所属
　　　　　　　　　　公証人　　〇〇〇〇　㊞

第8章

強制執行をする

1 強制執行とはどんなものなのか

権利者の権利内容を強制的に実現するための手続である

強制執行について規定する法律

　法治国家の要請として、債権の回収の手段も秩序あるものでなければなりません。そのため、債権債務関係という実体について民法という法律が規定しているように、強制執行の手続についても法律に規定があります。
　現在、強制執行については民事執行法という法律が規定を設けています。
　なお、判決が下るまでに、債務者が財産を使ってしまったり、隠してしまったりするおそれもあります。このように、判決がなされる前に、債務者の権利を仮に保全しておく必要もあります。そのような手続を仮差押え・仮処分といいます。これらについては、民事執行法とは別に、民事保全法という法律が規定しています。仮差押え・仮処分も広い意味では強制執行に入るので、民事保全法も、強制執行について規定している法律ということになります。

強制執行の種類にはどんなものがあるのか

　強制執行は、国家機関が、権利者の権利内容を強制的に実現してくれる手続です。たとえば、滞納家賃の支払い請求訴訟に勝訴した原告が強制執行する場合には、判決にもとづいて裁判所や執行官などの執行機関が被告の財産を差し押さえ、競売にかけてお金に換え、それを原告に渡してくれます。
　たいていの被告は、判決が確定すればそれにしたがうことが多いものですが、そうでない場合には強制執行手続が必要になってきます。強制執行は民事執行法と民事保全法で規定されていますが、具体的にはどのような種類があるのでしょうか。

① 金銭の支払いを目的とする強制執行

　強制執行の目的としては、まず、金銭の支払いを目的とするものが挙げられます。つまり、借金を返済してくれないケースや、売買で目的物を引き渡したのに代金を支払ってくれないケースの強制執行です。

金銭の支払いを目的とするといっても、もともと担保権の設定を受けずに債務者の財産を現金に変えて弁済を受ける場合と、設定されている担保権を実行する場合とがあります。

担保権の実行とは、抵当権などを設定している不動産などを競売にかけて換価し、その中から債権を回収するということです。

なお、担保権の設定されていない強制執行では、強制執行の対象に従って、以下の種類に分類されます。

- 不動産に対する強制執行
- 動産に対する強制執行
- 債権に対する強制執行
- その他の財産権に対する強制執行

② **金銭の支払いを目的としない強制執行**

強制執行には、金銭の支払いを目的としない場合もあります。

たとえば、土地を借りている賃借人が、期限が切れたのに土地を明け渡さない場合に、建物を収去し、土地を明け渡してもらうための強制執行、売買契約を締結し代金も支払ったのに売主が目的物を引き渡さない場合に、目的物の引渡しを実現するための強制執行などがあります。

③ **仮差押え・仮処分の執行**

強制執行は、一般的には、判決などを実現するための手続ですが、債権者の権利を確保するための仮の命令を裁判所に与えてもらうための、仮差押え・仮処分の執行もあります。

■ **強制執行の手続き**

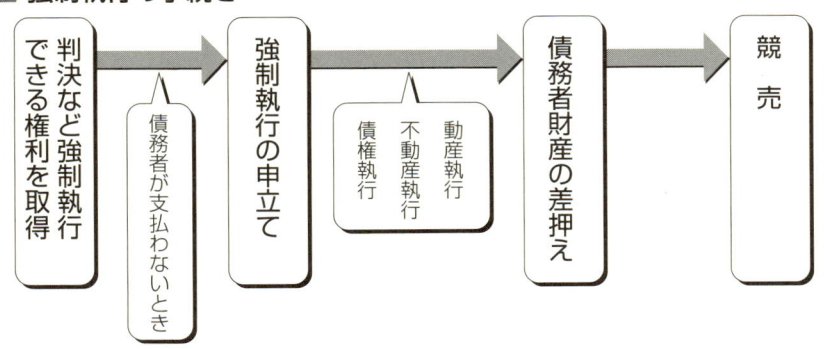

判決など強制執行できる権利を取得 → （債務者が支払わないとき）→ 強制執行の申立て →（動産執行／不動産執行／債権執行）→ 債務者財産の差押え → 競売

2 強制執行に必要な書類とは

債務名義・執行文・送達証明書が3点セットである

📄 どんなことが必要なのか

　契約書を公正証書で作成したり、支払督促の申立てをした場合であっても、常に強制執行できるわけではありません。まず、強制執行の根拠となる債務名義と呼ばれるものを手に入れる必要があります。債務名義としては、判決が代表的なものですが、それ以外に執行認諾約款付公正証書や調停調書・和解調書・仮執行宣言付支払督促などがあります。

　公正証書について示しているのは執行証書です。公正証書が法律によって債務名義として認められているのは、執行力のある公正証書である「執行証書」なのです。単に公正証書という体裁を整えているだけではなく、一定の金銭その他の代替物または有価証券の給付を目的とする請求であり、強制執行されてもよいという債務者の意思を示している執行認諾約款がつけられた公正証書でなければならないのです。

　ですから、いくら公正証書にされているからといって、執行認諾約款をつけていなければ、債務者の財産に対して強制執行することはできません。執行認諾約款をつけていない場合、訴訟を提起して、それを認める判決が確定した後に強制執行ができるようになります。

■ 強制執行に必要な3点セット

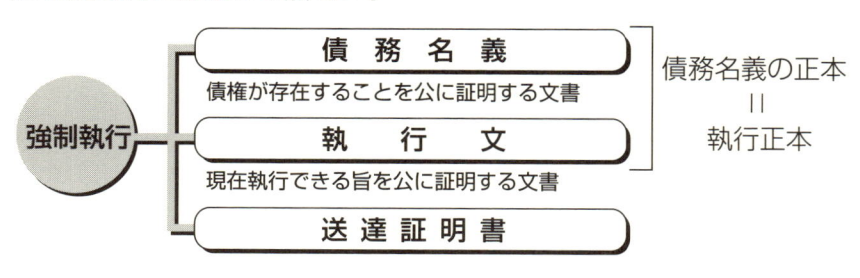

強制執行
├ 債務名義　　債権が存在することを公に証明する文書
├ 執行文　　　現在執行できる旨を公に証明する文書
└ 送達証明書

債務名義の正本
＝
執行正本

次に、債務名義の末尾に「強制執行をしてもよろしい」という「執行文」をつけてもらいます。さらに、あらかじめ債務者にあてて、債務名義の主旨を送達するか、または執行と同時に債務名義を示すよう義務づけられています。そして債務者がその通知を確かに受けとったという送達証明書を手に入れます。送達証明書は、債務者に「こういう内容の強制執行をします」という予告です。

誰が強制執行の手続きを行うのか

執行機関とは、強制執行を行う権限がある国の機関をいいます。現在の日本の法制度上、権利を定めるための判決を下す裁判機関と、権利の実現のために執行手続を担当する執行機関は分けられています。

強制執行を担当する執行機関には、「裁判所」と「執行官」の2つがあります。執行は、執行当事者本人の手によって行われるのではなく、執行裁判所や執行官といった執行機関によって行われます。執行裁判所と執行官には、それぞれ職域分担があり、強制執行の対象となる財産によって区別されています。

大まかに言えば、強制執行の対象が土地・建物といった不動産、債務者が別の第三者に対してもっている債権である場合には、裁判所が執行機関になります。これに対して、家や倉庫内の動産に対して強制執行をかける場合には、執行官が執行機関になります。

強制執行は、執行手続を求める者と受ける者が手続に関与して行われます。強瀬執行に関与する当事者のことを執行当事者といいます。執行当事者は、債権者・債務者とも呼ばれることに注意してください。

■ 強制執行の対象と特徴

種　類	特　　　徴
不動産	裁判所への申立て。競売を基本とした強制執行
動　産	執行官への申立て。執行官による差押え
債　権	裁判所へ差押命令の申立て。 債権者が直接債権を取り立てることができる

3 執行文と送達証明について知っておこう

執行文の付与手続は債務名義によって異なる

執行文の役割と種類と付与手続

　強制執行するためには、債務名義だけでは足りず、執行文も必要となります。債務名義に記載されている債権が、その段階で執行可能であることを公式に証明した文言のことを執行文といいます。具体的には、債務名義に「債権者は債務者に対してこの債務名義により強制執行することができる」などといった文言がつけられるのです。債務名義正本の末尾または別紙で添付されて記載されることになります。

　この執行文が債務名義につけられることで、はじめて、強制執行をすることができる力、つまり執行力が生じるのです。この債務名義の正本を「執行正本」といいます。債権者が債務名義を取得するのは支払督促に仮執行宣言がつけられた場合などですが、その後の事情によっては、債務自体が消滅したり、債務名義に記載されている当事者に変更が生じるなど、そのまま強制執行を行わせることは問題である場合も十分にありえます。たとえば、債務発生の原因となった意思表示が強迫によるものであることが判明したり、債務名義上の債務者が死亡してしまっているといったような場合です。

　そこで、そのような問題がないことを確認して、そのまま強制執行の手続に入ってもかまわないことを公に証明することが必要になります。それが執行文の付与なのです。

　一般の債務名義に執行文をつけるのは、その債務名義に関する事件記録のある裁判所の裁判所書記官です。ただ、公正証書については、それを作成した公証人が執行文をつけて執行証書にします。

執行文の付与手続について

　債務名義によって、執行文を付与する機関は異なります。以下で詳しく見ていきましょう。

- **確定判決等を債務名義とする場合**

　確定判決・仮執行宣言付判決・和解調書などの場合、執行文は、その事件の記録を保管している裁判所の裁判所書記官が付与します。執行文の付与には、書面による申立てが必要です。申立て先となる裁判所の裁判所書記官については、和解調書や、判決が確定した場合は、1審の裁判所の裁判所書記官がその対象となります。判決確定前で上訴された場合、記録が1、2審どちらにあるかで申立先となる裁判所書記官が異なりますので注意してください。

- **執行証書を債務名義とする場合**

　執行証書とは、債務名義となるための要件（債務者が強制執行を受諾する旨の記載があることなど）を満たした公正証書のことです。

　この場合、執行文の付与は、執行証書の原本を保持する公証人によって、その執行証書を作った公証役場で行われます。この場合も、書面による申立てが必要とされていますから、執行証書の正本と備えつけの申請書類を提出して行います。なお、代理人が行う場合は、委任状・本人と代理人の印鑑証明書が必要です。

- **仮執行宣言付支払督促では**

　仮執行宣言付支払督促については、執行文は、原則として、不要です。債務者に対して支払督促がすでに送達されており、異議申立ての機会も与えられているからです。

■ おもな債務名義

債務名義になるもの	備考
判決	確定しているものでなければならない
仮執行宣言付きの判決	確定していないが一応執行してよいもの
支払督促＋仮執行宣言	仮執行宣言を申し立てる
執行証書	金銭支払のみ強制執行が可能
仲裁判断＋執行決定	執行決定を求めれば執行できる
和解調書	「○○円払え」といった内容について執行可能
認諾調書	請求の認諾についての調書
調停調書	「○○円払え」といった内容について執行可能

送達証明も必要になる

強制執行を現実に執行機関が開始するためには、前述した債務名義と執行文だけでは足りません。さらに送達証明という書類が必要になります。

強制執行の手続は、債権者の申立てによって実施されますが、執行機関が執行を開始するには、債務名義を強制執行の開始に先立ってあらかじめ、または同時に、債務者に送達しておかなければなりません（民事執行法29条）。

送達証明はなぜ必要なのか

債務名義もあり、それを根拠に債権者が強制執行を行おうとしていても、その後の事情の変化によって、強制執行を行うことが許されない場合もあります。たとえば、債務者がすでに債権者の銀行口座に金銭を振り込んで、借金を全額返済しているにもかかわらず、債権者がそれに気づかないまま強制執行の申立てをしてしまうようなケースです。そのような場合に備えて、債務者に対し、すでに返済をしていると弁明するチャンスを与えなければなりません。にもかかわらず、弁明のチャンスも与えないまま強制執行をしてしまうことは、債務者にとってはいわゆる「不意打ち」となってしまうのです。

仮執行宣言付支払督促において、この不意打ちを防止し、債務者に弁明の機会を与えるための手続が、仮執行宣言付支払督促の送達です。この送達によって債務者は現状認識し、債務者にとって強制執行がいわれのないものであれば、民事執行法に規定されている「請求異議の訴え」といった防御方法を講じることになります。

仮執行宣言付支払督促正本が債務者に送達されたことを証明する文書は、裁判所の書記官に申請して交付を受けます。必要な書式を提出すると、書記官が審査をして、問題ないと奥書（書類が正しいものであると証明するために末尾などに記載する文）をするなどして証明書を発行してくれます。証明書の発行を受けたら、受取書を提出します。

4 条件成就執行文とは何か

条件が成就していることを証明する執行文のこと

条件成就執行文とは何か

たとえば、「結婚したら借金を返すことを約束する」場合のように、一定の条件が成就すれば債務者が債務を弁済しなければならないケースでは、条件が成就していることを公に証明する執行文の付与が必要になります。この執行文を条件成就執行文といいます。ここでは、条件成就執行文が必要になるいくつかのパターンについて、説明します。

① 期限

通常の債務には、「平成○○年○月○日を期限として返済する」といったように、弁済の期限がつけられています。このような確定した期限は、その到来がだれの目にも明らかなので、条件成就執行文は不要です。ただ、「○○が死亡したときに」といった不確定な期限の場合には、その到来を客観的に証明しなければならないので、条件成就執行文は必要です。

② 条件

条件がつけられている場合には、原則として、条件成就執行文が必要になります。条件の到来が、債務者や執行官などに明らかではないからです。条件と①で挙げた不確定期限は区別が難しいといえます。とりあえず、いつ到来するかはわからないが確実に到来するのが不確定期限、到来するかどうかがわからないのが条件、と理解しておいてください。

③ 期限の利益喪失約款

売買代金や借金の分割払いなどでは、「○回支払いを怠れば残金全額の支払い義務が発生する」という内容の条項（約款）がつけられていることが多いのです。これを「期限の利益喪失約款」といいます。

「支払いを怠ったら」と捉えると、たしかに条件かもしれません。しかし、支払うことは本来債務者の義務であるので、トラブルとなった場合には、逆に、支払いをしたことを債務者が証明すべきです。結論としては、単純な執行文でかまいません。

④ 同時履行が果たされているか

　売買契約などでは、原則として、当事者それぞれの債務は同時に履行すべき関係にあります。たとえば、動産の売買では、買主の代金支払いと引き換えに、売主の目的物の引渡しが行われます。もっとも、このようなケースで、買主が代金を支払わないからといって、売主の引渡しが執行文付与のための条件とはなりません。もし、それを要求すると、売主が先に目的物を引き渡すことになって、不公平なことになってしまうからです。

条件成就執行文付与の手続の進め方

　条件つきの債務が履行されずに強制執行に入る場合には、以下のような手続になります。

① 条件の成就を証明する

　債権者は執行文の付与を依頼する公証人に対して、条件が成就したことを証明しなければなりません。ただし、この証明方法は、文書によらなければならず、証人に証言してもらうことはできません。

　なお、使用する文書は、公文書でも私文書でもかまいません。公証人が、条件成就の事実を確認できる程度のものであればよいのです。

② 執行文が付与されない場合には

　文書による証明ができず、公証人が執行文を付与してくれない場合、裁判所に対して訴えを提起して、執行文を付与してもらうことになります。この訴訟の中で、債権者は文書以外の証拠（証人など）を使って、条件成就の事実を証明します。この訴えを「執行文付与の訴え」といいます。

　執行文付与の訴えを提起すべき裁判所は、債務者の住所地を管轄する裁判所になります。主張が認められると、執行文付与を命じる判決が下されます。債権者は判決の正本と確定証明書を提出して、あらためて公証人から執行文の付与を受けます。

③ 送達する

　強制執行のためには、執行文の付与を受けた債務名義（ここでは執行証書）を債務者に対して送達しますが、条件成就執行文の場合には、証明のために提出された文書の謄本も送達することになっています。ですから、手続を速やかに進めるためにも、謄本も準備して持参するとよいでしょう。

5 執行文をめぐるさまざまな問題

複数の執行文の交付や当事者の承継が問題となる

状況によっては複数の執行文が必要になる場合

強制執行の執行機関は、不動産の場合は裁判所、動産の場合は執行官です。そのため、債務者のもつ不動産と動産の両方に強制執行をしたい場合、執行文付債務名義を1通ですませることはできず、状況に応じて同時にまたは異なった時に複数の交付を受けることが必要です。

・同時に必要な場合（数通付与）

不動産、動産の両方に強制執行する場合、または、管轄する裁判所が違う複数の不動産に対して強制執行する場合は、同時に複数の執行文付きの債務名義正本が必要になります。執行文付与を申し立てるときに、その申立書にその旨を記載すればよいことになっています。

・再交付が必要になる場合（再度付与）

すでに強制執行が開始されている状況で、それに加えてまた別の財産に強制執行をするときには、正本を再交付してもらうことが必要になります。また、発行された執行文付債務名義をなくしてしまったときにも再交付を受けることができます。

具体的には、すでに発行された正本が現在使用中であることの証明書や紛失したことを証明する書類などを添付して、執行文付与申立書にその旨を記載の上、申し立てることになります。

死亡など当事者に変更があったときには承継執行文をもらう

債権債務関係にある当事者が強制執行の当事者となるのが原則ですが、現実にはそのまま債権債務関係にあるとは限りません。当事者の死亡で相続されたり、法人であれば合併などで合併後の会社に承継されたりします。また、債権が第三者に譲渡されるケースも考えられます。もし、相続や承継、譲渡があった場合に強制執行が及ばなくなるとすれば、強制執行を免れるために、わざと合併や譲渡を利用するケースが出てくるかもしれませ

ん。強制執行が可能であるという理由で公正証書を利用する人（法人）は少なくありませんが、もし強制執行ができなくなるとすれば、何のために公正証書を作成したのかわからなくなってしまいます。これでは非常に不都合です。

　そこで、債務者をはじめ当事者や関係者に混乱を招かないためにも、当事者に変動があったときは、債権債務関係が承継されたことを示す執行文を執行証書に付与するしくみになっており、このときつけられる執行文を「承継執行文」といいます。

承継執行文の付与の手続きについて

　承継執行文の付与を申し出てから強制執行するための手続きは以下のようになります。

・申立て

　承継執行文の付与申立ての場合、申立て先は執行証書の原本を保管している公証人、つまり、その執行証書の作成をした公証人です。その公証人のいる公証役場に行き、承継執行文の付与を申し立てることになります。

・証明書の提出

　承継執行文が付与されるのは、債権債務関係が承継された事実が、公証人にとって明白である場合、または債権者が承継の事実を証明する文書が提出された場合です。ただし、公証人にとって明白ということは現実的には非常に少ないため、ほとんど場合が証明書の提出というケースです。証明文書を提出するのは債権者の責任であり、債権者は口頭ではなく必ず文書によって、公証人に対して承継の事実を証明し、承継執行文の付与を申し立てることになります。証明のための文書は、公文書（役所が作成する文書のこと。戸籍謄本など）でも私文書（役所以外が作成する文書のこと。内容証明郵便など）でもかまいません。実際にどのような文書が証明文書となるのかについては、たとえば法人の合併の場合では、商業登記事項証明書の交付を受ければ、その謄本が証明書になります。

　また、相続があったことについては、市区町村役場で交付される戸籍謄本によって証明できます。債権譲渡の場合には、登記事項証明書や戸籍謄本のような証明書の提出が困難であるため、私文書での証明が多くなりま

す。

たとえば配達証明付の内容証明郵便によって、債権が譲渡されたことを証明できます。

・証明が困難な場合

債権債務が承継された証明は必ず文書で行うことになっています。この証明文書が入手できないときや、公証人に承継の事実を証明できない場合には、裁判所に対して執行文付与の訴えを提起することになります。この場合は、証明方法は文書に限らないため、証明が比較的簡単になることもあります。裁判所において承継が認められた場合には、その判決の正本と確定証明書を公証人に提出します。これらをもって、公証人は承継執行文を付与します。

なお、管轄の裁判所は債務者の住所地（会社の場合は本店の所在地）の裁判所です。

・執行証書を送達する

強制執行をするには、承継執行文の付与された執行証書を債務者に送達しなければなりません。また、承継執行文付き執行証書だけでなく、承継を証明するために提出された文書の謄本も債務者に送達されます。その目的は条件成就執行文（245ページ）と同様、債務者が突然不本意に強制執行をかけられることを防ぐことです。

もし証明に反論などがあれば、反論することが可能ですし、現在の債権者を知らせるためにも、債務者への送達は重要です。強制執行は債務者の財産に与える影響が直接的であり、かつ非常に大きいために、手続きについても慎重に行われます。

■ 執行文の種類

単純執行文	債務名義の内容そのままに執行力を公証する執行文
承継執行文	債務名義に表示された者以外の者を、債権者または債務者とする場合に要する執行文
条件成就執行文	債務名義に表示された債権が、一定の事実の到来にかかっている場合に要する執行文

6 送達にはさまざまな方法がある

執行証書の場合には特別送達が一般的である

送達とはどんなことか

　強制執行が行われるときは、債権者への債務名義の送達という手続きがとられます。送達により、強制執行が行う旨を債務者に知らせておくことで、債務者に反論や適切な対策を講じる余地を与えることが目的です。誰でもこの送達という手続きを実行できるわけではなく、送達ができるのは一定の有資格者に限られています。たとえば、仮執行宣言付支払督促の送達は、その裁判所の裁判所書記官によって行われます。なお、この場合は、職権で送達が行われますので、債権者が送達の申請をする必要はありません。公正証書の場合には、公証人が送達を行うこととされています。公正証書を作成した場合、その謄本は作成した公証人が保管することとなっており、正本は債権者が保管しています。送達には、謄本が用いられますので、債務が履行されず債権者が強制執行を望んだ場合には、実務上は謄本を保管している公証人に対して強制執行を申し立て、送達も行ってもらうことになります。公証人による送達は職権によるものではないため、送達申請が必要になります。なお、原本を保管している公証人以外の公証人に対して送達を申請することも可能です。

　送達には数種類の方法があり、それぞれの状況にしたがって異なる送達方法をとっていくことになります。

送達の際に注意すること

　一般の人が送達に関係する機会はあまりありませんが、送達をするときには以下のようなことに注意しておくことが大切です。

・**送達場所の選択**

　送達先は、債務者の住所地のみに限定されるわけではなく、日常的にいる場所や、債務者が経営者であった場合には、営業所などにも送ることができます。会社従業員であった場合には、その勤務先に送ることも可能で

す。債務者に確実に届きそうな場所に送ることが大切です。

・**公証人への送達申請や送達不能証明書交付申請**

　執行証書の送達について、公証人に送達を申し立てる場合、原本を保管している公証人以外に申し立てることは可能ですが、一般的には、同じ公証人に申し立てたほうが、時間などのムダがなく、効率的です。

　また、公証人による送達が不可能であったときは、他の手段をとらなければなりませんが、その場合、執行官による送達などが考えられます。執行官による送達を申し立てるときには公証人から「送達不能証明書」の交付を受けて、送達不能を証明することになります。

書留郵便による送達について

　債務者または同居人が受け取っていれば、送達が適切に終了したといえますが、債務者や同居人が意図的に送達を受け取らない場合があります。これでは債権者にとっては不都合です。そこで、書留郵便による送達（付郵便送達）を使うという手段もとられます。

　付郵便送達を使うことのメリットは、債務者の住所地に書留郵便にして送った場合、その発送をもって送達があったものとされることです。ですから、債務者や同居人が受け取らない場合、届かない場合でも、送達されたことになってしまいます。これは、厳しい手段であり、債務者に届だといえます。もし債務者の住所が転居などで不明なときは、この手段は使えないとされています。

特別送達について

　執行証書の送達については、公証人自らが債務者のところへ謄本を持参するわけではありません。公正証書の謄本を送達するための、もっとも一般的な方法が「特別送達」といわれるもので、これは郵便法によって定められている郵送方法のことです。特別送達は判決や公正証書を送達するときに用いられます。

　手続きとしては、債権者からの送達の申請を受け、公証人は、送達の申請を受けた必要書類を封筒に入れて、その封筒の表面に「特別送達」と記載します。そして、「郵便送達報告書」という書面を貼り、郵便局に持っ

ていき、送達を依頼するという流れになります。

債務者は郵便局からその送達を受け、郵便送達報告書に受領者として署名や押印をします。もし債務者が不在であっても、同居人が送達を受け取った場合には到達したとされます。署名や押印された郵便送達報告書は、公証人に送付され、送達が確認されます。

特別送達は、通常の郵便に比べ、確認手続が重視されています。特別送達によって、公正証書の謄本が債務者に送達されたことが証明されることになります。強制執行がなされるにあたり、送達という手続きがあることで、債務者としては反論があるならば反論する機会を得やすくなります。一方、債権者としても、債務者に強制執行をすることが伝わっているということで、安心が得られます。

執行官による送達について

特別送達、書留郵便による送達のほかにも、執行官が行う、「執行官による送達」という方法があります。執行官が送達する場合については、民事執行規則の20条3項により、「債権者は、送達と同時に強制執行を実施することを求めるときその他必要があるときは、執行官に対し、前項の書類の送達の申立てをすることができる」と規定されています。

公正証書の謄本の送達については、公証人によって行われるのが原則であって、執行官による送達は例外的な場合です。

この法文の「送達と同時に強制執行を実施する」とは、同時送達のことを意味しています。同時送達とは、執行官が差押えと同時に公正証書の謄本を送達することで、実務上、この同時送達が可能なのは、動産に対する強制執行に限られます。不動産の場合、裁判所が強制執行開始決定をする際に、送達したことの証明が必要とされているので、執行証書を送達するのと同時に不動産を差し押さえるということはありません。

なお、「その他必要があるとき」とは、通常の到達方法である特別送達ができないときをいいます。具体的には、債務者が不在の場合や同居人が受領を拒否した場合です。この場合には、公証人の発行する送達不能証明書を執行官に提出し、執行官に送達してもらうことになります。

📄 公示送達という方法もある

　債務者の所在がまったくわからなくなってしまった場合には、特別送達、書留郵便による送達、執行官による送達のどの送達方法によっても届けることができません。そのような場合には、「公示送達」という手段がとられます。債務者の夜逃げなどで行方をくらましてしまうことがありますが、所在が不明になったときや、債務者が外国などに行ってしまい送達するのが非常に困難になったときには、執行官に公示送達の申立てを行うとよいでしょう。公示送達は、他に手段がないときに用いる最後の手段であり、裁判所の許可が必要な方法です。手続きとしては、債務者の所在がわからなくなったことを証明するために住民票や所在調査報告書などの証明書類などつけて、公示送達を申し立てます。

　公示送達の許可がおりたら、裁判所内の掲示板に公示されます。そのまま債務者が現れない場合には、掲示から2週間（海外送達が必要な場合には6週間）が経過すれば、これで送達されたということになります。もし債務者が公示を見て出頭すれば、送達されるべき書類は債務者にすぐ交付されます。所在不明になる債務者が裁判所内の掲示板で公示を見ていることがほとんどありえないことなので、この公示という手段は、例外的で、最後の手段だといえます。

■ 送達の方法

交付送達	債務名義を直接、債務者に交付する方法
書留郵便に付する送達	交付送達ができない場合に、送達すべき書類を債務者の住所地に郵便で発送して行う方法
公示送達	債務者の行方が不明で送達場所も不明のときに行われる。債務者が出頭すれば、いつでも送達すべき書類を交付する旨を、裁判所の掲示板に掲示することによって行われる
特別送達	判決や執行証書の送達のため、郵便法で定める特別な方法
執行官送達	特別な場合に限定される。同時送達の場合や特別送達ができないときが、これにあたる

7 仮執行宣言付支払督促が出された後に強制執行を停止させるには
強制執行停止の申立てを行う

強制執行停止のための要件

　強制執行を停止させるための手続として、強制執行停止の手続が用意されています。債務者が強制執行停止の申立てをしても無条件に裁判所が認めるわけではありません。債務者は申立ての際に次の2点のいずれかを裁判官に「疎明」しなければならないことになっています（疎明とは、「債務者の言い分は一応確からしい」と裁判官に心証を抱かせることをいいます）。

・支払督促の取消または変更の原因となるべき事情がないとはいえないこと
・強制執行により著しい損害が生じるおそれがあること

　なお、この他にも手続上の要件として、債務者は裁判所に担保を提供することがあります。これは、時間を稼いだり、強制執行を妨害するための申立てを防止するためのものです。

申立て先はどこか

　強制執行停止の申立ては、民事訴訟が継続している裁判所に対して行います。ですから、債権者の請求金額が140万円以下なら支払督促が申し立てられた簡易裁判所で、140万円を超過する場合であればその簡易裁判所の所在地を管轄する地方裁判所になるのが原則です。

　ただし、裁判所の事務処理上の都合で、申立て先が簡易裁判所になる場合もあることから、申し立てる前に裁判所に問い合わせてください。

必要書類をそろえて提出する

　申立てには「強制執行停止申立書」を提出する必要があります。申立書には手数料として印紙を添付し、さらに郵便切手代を納付します。

　申立書には「当事者の表示」（訴訟当事者の氏名、住所などの表示のこと）、「申請の趣旨」（強制執行停止を求める旨の記載のこと）、「申請の理

由」（なぜ停止を求めるのかについての理由）を記載します。「当事者の表示」は別途「当事者目録」を作成し、提出することになります。

📝 担保の提供をする

申立てにおいて、担保の提供を必要とする場合、金銭などを申立てをする裁判所の所在地を管轄する法務局（供託所）に納めます。その金額は請求金額のおおよそ3分の1程度になります。

他にも担保提供の方法として、金融機関などを利用した支払保証委託契約による方法がありますが、それほど多くは利用されていません。

📝 停止決定が下されたら

強制執行停止決定正本を執行裁判所や執行官などの執行機関に提出すると、執行は停止されます。

■ 強制執行停止手続

```
                    ┌─────────────┐
  仮執行宣言付    ✕← 異議申立て   │
  支払督促         └─────────────┘
                   強制執行は停止しない
                    ┌─────────────┐
                 ← │ 強制執行停止手続 │
                    └─────────────┘
```

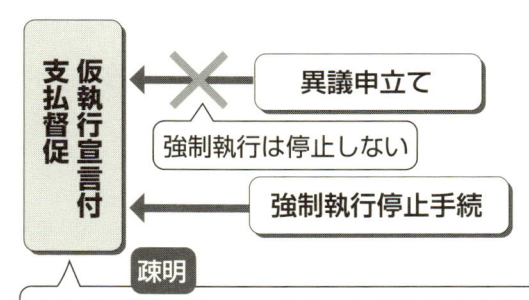

【疎明】
支払督促の取消または変更の原因となる事情がないとはいえないこと
強制執行により著しい損害が生じるおそれがあること

【監修者略歴】

安部　高樹（あべ　たかき）

司法書士（簡裁訴訟代理関係業務認定）。1957年、大分県出身。成城大学大学院文学研究科修士課程修了。コピーライター、雑誌ライターを経て、司法書士となる。現在、長崎県長崎市で開業中。不動産登記、商業登記、債務整理、訴訟などを幅広く手がける。

著作（監修、編著）に、『図解で早わかり　不動産登記法』『図解で早わかり　商業登記法』『最新版　会社役員の法律と役員規程・変更登記文例集』『個人民事再生のしくみ実践マニュアル』『少額訴訟・支払督促のしくみと手続き実践文例47』『改訂新版　商業登記のしくみと手続き』『改訂新版　すぐに役立つ登記のしくみと手続き』『改訂新版　不動産登記法のしくみがわかる事典』『改訂新版　不動産登記の法律と申請手続き実践マニュアル』『住宅ローン返済と債務整理法実践マニュアル』（以上三修社）、『不動産登記簿の見方と法律知識』『商業登記簿の見方と法律知識』（ともに同文舘出版）、『株式会社の変更登記手続きと書式一切』（日本実業出版社）がある。

司法書士安部高樹事務所サイト（ホームページ）
http://www.shihoo.com